स्वतन्त्रता संग्राम में
जम्मू-कश्मीर का योगदान

स्वतन्त्रता संग्राम में

जम्मू-कश्मीर का योगदान

डॉ. विरेन्द्र कौंडल
सह-आचार्य, अर्थशास्त्र विभाग,
जम्मू विश्वविद्यालय, जम्मू

डॉ. सिन्धु कपूर
अधिष्ठाता, सामाजिक विज्ञान संकाय,
क्लस्टर विश्वविद्यालय, जम्मू

प्रो. रसाल सिंह
अधिष्ठाता, भाषा संकाय,
जम्मू केन्द्रीय विश्वविद्यालय, साम्बा, जम्मू

वाणी प्रकाशन

वाणी प्रकाशन
4695, 21-ए, दरियागंज, नयी दिल्ली 110 002
फ़ोन : +91 11 23273167 फ़ैक्स : +91 11 23275710
शाखाएँ
अशोक राजपथ, पटना 800 004, बिहार
कॉफ़ी हाउस कैम्पस, महात्मा गांधी मार्ग, इलाहाबाद 211 001, उत्तर प्रदेश
महात्मा गांधी अन्तरराष्ट्रीय हिन्दी विश्वविद्यालय, वर्धा 442 001, महाराष्ट्र
www.vaniprakashan.com
marketing@vaniprakashan.in
sales@vaniprakashan.in

SWATANTRATA SANGRAM MEIN JAMMU-KASHMIR KA YOGDAN
by Dr. Virendra Kaundal,
Dr. Sindhu Kapoor, Prof. Rasal Singh

ISBN : 978-93-5518-235-7

History

प्रथम संस्करण 2022

मूल्य : ₹ 60.00

सिटी प्रेस, दिल्ली-110 095 में मुद्रित

वाणी प्रकाशन का लोगो मक़बूल फ़िदा हुसेन की कूची से

समर्पण

जम्मू-कश्मीर के असंख्य अनाम स्वतन्त्रता सेनानियों को
श्रद्धांजलि स्वरूप !!

जियें तो सदा इसी के लिए, यही अभिमान रहे यह हर्ष।
निछावर कर दें हम सर्वस्व, हमारा प्यारा भारतवर्ष।।

—जयशंकर प्रसाद

प्रस्तावना

जिसको न निज गौरव तथा निज देश का अभिमान है!
वह नर नहीं, नर-पशु निरा है और मृतक समान है!!

ये पंक्तियाँ स्वतन्त्रता और राष्ट्रीयता की भावना की नींव हैं। 'स्वतन्त्रता' एक शब्द नहीं तन-मन में बिजली की सी कौंध पैदा करने वाला भाव है। यह मनुष्य ही नहीं जीव मात्र की चाह होती है। इसी तरह किसी भी राष्ट्र की सबसे बड़ी आकांक्षा, सबसे बड़ा सपना, सबसे बड़ी ताक़त भी स्वतन्त्रता ही होती है। पराधीनता मनुष्य ही नहीं, बल्कि राष्ट्र की भी सम्भावनाओं को कुचल डालती है। देश और देशवासियों का स्वाभाविक और सहज विकास स्वतन्त्र वातावरण में ही हो सकता है। किसी भी राष्ट्र के लिए पराधीनता से बढ़कर कोई अभिशाप नहीं।

भारत एक सजग आत्मा वाला राष्ट्र रहा है। भारत ने विदेशी आक्रान्ताओं द्वारा उसे गुलाम बनाने की कोशिशों के ख़िलाफ़ सतत संघर्ष किया है। स्वतन्त्र रहने की इसी भावना के कारण ही भारत के स्वतन्त्रता संघर्ष का इतना लम्बा और गौरवशाली इतिहास है। बीच में अपनी कुछ भूलों-ग़लतियों और विदेशी आक्रान्ताओं की धूर्तता और कुटिल चालों के कारण सबसे प्राचीन और समृद्ध संस्कृति वाले इस राष्ट्र पर पराधीनता के बादल छा गये थे। लेकिन इन बादलों को छाँट कर अपनी स्वतन्त्रता, अपनी अस्मिता, अपनी पहचान और अपनी सनातन संस्कृति को बचाने की लड़ाई भी बहुत मज़बूती और अदम्य साहस के साथ लगातार लड़ी गयी।

हज़ारों-लाखों वर्ष पुरानी सनातन संस्कृति वाले भारतवर्ष की सभ्यता और संस्कृति को लगभग एक हज़ार साल के संघर्षपूर्ण कालखण्ड में नष्ट-भ्रष्ट करने की असंख्य कोशिशें और साज़िशें हुईं। अनेक बार विदेशी आक्रान्ताओं ने लूट-पाट करके, डर और लालच से मतान्तरण कराके 'सोने की चिड़िया'

और 'विश्वगुरु' के रूप में सम्मानित भारतवर्ष की गौरवशाली संस्कृति को मिटाने की अनवरत कोशिशें कीं। परन्तु वे असफल ही साबित हुईं। भारत माँ के करोड़ों वीरों और वीरांगनाओं के संघर्षों व बलिदानों के परिणामस्वरूप पराधीनता की लम्बी अँधेरी रात का अन्त हुआ और 15 अगस्त, 1947 को भारत देश आज़ाद हुआ। इस दिन देश स्वाधीन तो हो गया लेकिन उसे औपनिवेशिक (गुलाम) व्यवस्था और चेतना से स्वतन्त्र करने का काम अधूरा ही रहा। आज़ादी के अमृत महोत्सव की शुभ वेला में इस दिन को सम्भव करने वाले वीरों और वीरांगनाओं को याद करना राष्ट्रीय कर्तव्य है। भारत माँ के मस्तक माने-जाने वाले जम्मू-कश्मीर ने भी स्वाधीनता संग्राम में बढ़-चढ़कर भाग लिया था।

जम्मू-कश्मीर एक अद्‌भुत भौगोलिक-सांस्कृतिक क्षेत्र है। प्राचीन काल से ही समृद्ध संस्कृति और सभ्यता का केन्द्र है। सप्त सिन्धु के इस विशाल क्षेत्र में शामिल जम्मू-कश्मीर व लद्‌दाख इसे भारत का सिरमौर बनाते हैं। इस विशालकाय राज्य की सीमाएँ बाल्टिस्तान से होते हुए तिब्बत तक जा पहुँचती थीं। ऋषियों की पावन भूमि कश्मीर और शक्तिस्थल जम्मू प्राचीन समय से ही ज्ञान-विज्ञान और शौर्य-पराक्रम के लिए जाने जाते रहे हैं। बाबा अमरनाथ, माता वैष्णो देवी, बुड्‌ढा अमरनाथ, माता खीर भवानी आदि अनेक पवित्र स्थलों की यह पावन भूमि है।

कई बार विदेशी आक्रमणकारियों और आक्रान्ताओं ने इसे लहूलुहान किया। अगर आधुनिक काल की बात कहें तो 1846 ई. में महाराजा गुलाब सिंह ने अंग्रेज़ों को राजनीतिक मात देकर इस विशाल राज्य की स्थापना की। 1947 ई. में भारत के स्वतन्त्र होने के बाद 26 अक्टूबर, 1947 को महाराजा हरि सिंह ने जम्मू-कश्मीर के अधिमिलन पत्र पर हस्ताक्षर किये। परन्तु दुर्भाग्य से नेहरू-अब्दुल्ला की कुटिल नीतियों के कारण जम्मू-कश्मीर की जनता को अनेक कष्ट झेलने पड़े। लम्बे समय तक चली विघटनकारी सोच ने जम्मू-कश्मीर राज्य के लोगों का कुछ भी भला नहीं किया। आज वह समय आ गया है कि जम्मू-कश्मीर के साथ-साथ पूरा भारतवर्ष भी इसका सच्चा इतिहास जानना चाहता है। गर्व की बात यह है कि जम्मू-कश्मीर का इतिहास स्वर्णिम है। इस इतिहास में माँ भारती के गुणगान की झलक है। आज जब पूरा भारत आज़ादी के 75 वर्ष का अमृत महोत्सव धूमधाम से मना रहा है तो

इसी शृंखला में जम्मू-कश्मीर भी अपने इतिहास के खोये हुए पन्नों को टटोल रहा है और फिर से अंकित/प्रकाशित कर रहा है। वे सब दुर्लभ घटनाएँ, जो राष्ट्रभक्ति से ओत-प्रोत इस धरती पर घटित हुई थीं, देश के लिए संघर्ष करने व बलिदान देने की परम्परा पर प्रकाश जा रहा है।

यहाँ पर भी आज़ादी के अनेक दीवाने हुए, जिन्होंने ख़ुशी-ख़ुशी कारावास की सज़ा भी सही और साथ ही अपना जीवन भी न्योछावर किया। इस पुस्तिका में हमने यही प्रयास किया है कि देश के स्वतन्त्रता संग्राम में शामिल होने वाले जम्मू-कश्मीर के इन मतवालों की वीरगाथाओं को देश के सामने लायें और आने वाली पीढ़ी को भी उनके बलिदानों से अवगत करायें। यही हमारा लक्ष्य है। आशा करते हैं कि अपने गौरवशाली इतिहास की कुछ अनकही कहानियों को हम सफलतापूर्वक उजागर करने में सफल होंगे। हमारा यह प्रयास उपयोगी होगा और साथ ही इतिहास की अनसुलझी गुत्थियों को सुलझाने में सहायता करेगा।

अनुक्रम

अध्याय-एक

जम्मू-कश्मीर का गौरवशाली इतिहास

किसी भी देश का वर्तमान तथा भविष्य तभी उज्ज्वल होता है जब वह अपने इतिहास के अनुभवों से प्रेरणा लेकर विकास के लिए निरन्तर प्रयासरत रहता है। हमारे भारत देश के पास ऐसी अमूल्य और अथाह सांस्कृतिक धरोहर है, जो हमें निरन्तर आगे बढ़ने की प्रेरणा प्रदान करती है।

उतरं यत् समुद्रस्य हिमाद्रेश्चैव दक्षिणम्
वर्ष तद् भारतं नाम भारती यत्र सन्तति

भारत हिन्द महासागर से लेकर हिमालय की शृंखलाओं के बीच बसा मात्र एक भूभाग ही नहीं, अपितु यह पूरा देश एकात्म सभ्यता और संस्कृति का परिचायक है। भारत की विविधतापूर्ण संस्कृति की भाँति ही अलग-अलग समय में इसके कई नाम मिलते हैं। इसे भारतवर्ष, आर्यावर्त, हिन्द, हिन्दुस्थान, जम्बूद्वीप इत्यादि नामों से जाना जाता रहा है।

भारतवर्ष के कई नामों के मूल में सिन्धु नदी की भूमिका प्रमुख है। सिन्धु सिर्फ़ एक क्षेत्र विशेष की नदी ही नहीं, बल्कि जीवनदायिनी नदी है। जो अखण्ड भारत के समूचे पश्चिमोत्तर भाग को जीवन प्रदान करती है। इस रूप में देश के पश्चिमोत्तर क्षेत्र को किसी समय सात नदियों के कारण सप्त-सिन्धु कहा जाता था। अनादिकाल से भारतवर्ष साधु-सन्तों एवं ऋषि-मुनियों की भूमि रहा है जो सामाजिक, सांस्कृतिक एवं आर्थिक रूप से विकसित और सम्पन्न रहा है। इसीलिए इसे 'विश्वगुरु' और 'सोने की चिड़िया' के नाम से भी जाना जाता था। इसी को ध्यान में रखते हुए अनेक विदेशी आक्रमणकारियों ने इसे लूटने का प्रयास किया। परन्तु इसकी सांस्कृतिक जड़ें इतनी मज़बूत थीं कि यह आज भी एक राष्ट्र के रूप में सीना ताने गर्व से खड़ा है। असंख्य लोगों ने अपनी सभ्यता और संस्कृति की रक्षा के लिए संघर्ष करते हुए बलिदान दिये परन्तु इस राष्ट्र को कभी झुकने नहीं दिया।

रामायण और महाभारत काल में भी जम्मू-कश्मीर का सन्दर्भ मिलता है। ऋषि कश्यप के पुण्य प्रताप से सतीसर से कश्मीर की उत्पत्ति की मान्यता है। जम्मू का नाम राजा जम्बूलोचन के नाम पर माना जाता है। जम्बूलोचन एक बार सूर्यपुत्री तवी के पास पहुँचे। जहाँ शेर और बकरी एक साथ पानी पी रहे थे। इस दैवीय दृश्य को देखकर वे इतने प्रभावित हुए कि उन्होंने यहीं बसने का निर्णय ले लिया। इन्हीं जम्बूलोचन के नाम से इस जगह को जम्मू या जम्बू के नाम से जाना जाने लगा। इन्हीं के भाई बाहुलोचन के नाम से जम्मू में स्थित प्रसिद्ध बाहु क़िला है, जिसके अन्दर शक्ति स्वरूपा बावे वाली माता का मन्दिर है। हड़प्पा सभ्यता के अवशेष इसकी प्राचीनता की पुष्टि भी करते हैं। अवन्तीपुर, ऊष्कर, मार्तण्ड, वेरीनाग, बुरजोहम में मिले पुरातात्त्विक साक्ष्य कश्मीर की समृद्ध व सम्पन्न सभ्यता का प्रतीक हैं। चन्द्रभागा नदी के किनारे स्थित अम्बारन, अखनूर में मिले अवशेष यहाँ की सांस्कृतिक विरासत के महत्वपूर्ण गवाह हैं। ऐसा माना जाता है कि महाभारत काल में गोंड वंश के राजा दामोदर की मृत्यु के उपरान्त उनकी धर्मपत्नी यशोमती कश्मीर की पहली महिला शासक बनी थीं। ऋषि कश्यप, वसूगुप्त और शारिका देवी का आशीर्वाद प्राप्त करने वाले कश्मीर के शैव दर्शन से प्रभावित होकर महान सन्त शंकराचार्य (788-820 ई.) भी कश्मीर पहुँचे थे। इन्हीं के नाम पर यहाँ का शंकराचार्य मन्दिर है।

इतिहासकारों के अनुसार छह माह तक चलने वाला प्राचीनतम बौद्ध सम्मेलन भी कश्मीर में ही हुआ था। इतिहास साक्षी है कि पूरा प्रान्त सभ्यता का उद्‌गम स्थल रहा है। 326 ई. पू. में सिकन्दर ने जब भारत पर हमला किया तो जम्मू के शासक राजा अजय देव ने अपने श्वसुर राजा पोरस की ओर से सिकन्दर के विरुद्ध लड़ाई लड़ी। इस युद्ध में वे वीरगति को प्राप्त हुए। जब इस बात का पता राजा अजय देव की रानी मंगला को चला तो उन्होंने डोगरा सेना का नेतृत्व करते हुए सिकन्दर की सेना को भारी क्षति पहुँचायी। जिस पर्वत घाटी में रानी मंगला ने एक सबल वीरांगना की भाँति अपने पति की मृत्यु का बदला लिया, उसका नाम आज मंगला पर्वत है।

कश्मीर में ललितादित्य मुक्तापीड़ (721-764 ई.) आठवीं शताब्दी के एक ऐसे योद्धा रहे हैं जिन्होंने काम्बोज अर्थात् आज के अफ़ग़ानिस्तान और

तिब्बत से लेकर मध्य एशिया से होते हुए दक्षिण भारत तक अपनी विजय पताका को फहराया। उनके राज्य की सीमा में पूर्व दिशा के आज के मणिपुर, असम और बंगाल जैसे सुदूर राज्य भी थे। ललितादित्य का युग सच में एक सुनहरा काल था, क्योंकि वे न केवल एक पराक्रमी युद्ध विजेता थे, अपितु एक श्रेष्ठ शासक भी थे। ललितादित्य अपनी न्याय प्रणाली के लिए जाने जाते थे। उन्होंने एक समृद्ध राज्य की नींव रखी थी। बारामुला के पास वितस्ता (झेलम) और महापद्मा (वुल्लर) नदियों में बाढ़ की स्थिति अक्सर बन जाया करती थी, किन्तु ललितादित्य ने एक बुद्धिमान राजा की भाँति नदियों का पानी सीधे खेतों तक पहुँचाया और साथ ही अनेक विहार, स्तूप बनवाये। राम, शिव, विष्णु और सूर्य देव को समर्पित अनेक मन्दिर भी बनवाए, इनमें मटन में स्थित मार्तण्ड मन्दिर विशेष है। गांधार (आज के अफ़ग़ानिस्तान) के नरेश बीमा शाही की पुत्री परनोतसा आज के पुँछ की महारानी बनी और आगे चलकर उनकी पुत्री और क्षेम गुप्त की पत्नी दिद्दा रानी 10वीं शताब्दी में कश्मीर की सम्राज्ञी बनी। दिद्दा ने अपने राज्य में मध्य प्रदेश और सौराष्ट्र से आने वाले यात्रियों और व्यापारियों के रहने की व्यवस्था मठ/भवन बनवा कर की थी। सुगन्धा, कोटा रानी आदि कश्मीर की प्रसिद्ध शासिका रही हैं।

जम्मू-कश्मीर सदा से ही अपनी ज्ञान-परम्परा के लिए प्रसिद्ध रहा है। प्राचीन काल में जम्मू-कश्मीर में दो विश्व प्रसिद्ध विश्वविद्यालय रहे हैं। इनमें से एक शारदा पीठ वर्तमान पाक अधिक्रांत जम्मू-कश्मीर में स्थित था और दूसरा भद्रकाशी पीठ वर्तमान डोडा जिले में स्थित था। जम्मू के चौथी शताब्दी के शुद्ध महादेव अपनी भव्यता की दास्ताँ स्वयं बयान करते हैं तो वहीं करीमची और बबौर के आठवीं शताब्दी के विशाल मन्दिर यहाँ के वैभवशाली वास्तु का वर्णन करते हैं। जम्मू की कई जगहों का विवरण हमें प्राचीन ग्रंथों व पुराणों में भी मिलता है। पद्मपुराण विशेषतः पुरमण्डल व उत्तरवाहिनी की चर्चा करता है। यहाँ पर देविका नदी गुप्तगंगा के स्वरूप में पूजी जाती है। सूर्यपुत्री तवी जम्मू शहर के प्राकृतिक सौन्दर्य को चार चाँद लगाती है।

जम्मू-कश्मीर का इतिहास अत्यन्त गौरवशाली है। यह गुणावर्मन, धर्ममित्र, बुद्धवर्मन, रत्नासिन्ता जैसे अनेक विद्वानों की जन्मस्थली रही है। इन सब ज्ञानियों ने कश्मीर क्षेत्र के बाहर भी ज्ञान का प्रचार किया। बिल्हण

के लिए तो कहा जाता है कि वे ज्ञान के प्रचार हेतु दक्षिण भारत तक गये थे। नीलमत पुराण की रचना यहीं पर हुई। उसके बाद क्षेमेन्द्र की नरापावली और समयमातृका, कल्हण की राजतरंगिणी जैसी रचनाएँ यहीं की गयीं। विष्णु शर्मा, कालिदास, भट्टनायक, आनन्दवर्धन, अभिनवगुप्त, पद्ममीहार, जोनराजा, लल्लेश्वरी और रूपा भवानी ने यहाँ की सांस्कृतिक निरन्तरता को बनाये रखा। चौदहवीं सदी में पंचतन्त्र की कथाओं की रचना भी कश्मीर में ही हुई थी। वहीं, महाराजा गुलाब सिंह के महान कार्यों को दीवान कृपाराम ने 'गुलाबनामा' में सँजोया है। अतः जम्मू-कश्मीर अपनी प्राकृतिक सुन्दरता के साथ-साथ सांस्कृतिक समृद्धि का अद्भुत उदाहरण है।

गुमट गेट युद्ध (1808-09) के बाद गुलाब सिंह अपने भाइयों के साथ महाराजा रणजीत सिंह, शेर-ए-पंजाब के लाहौर दरबार में अपना वर्चस्व स्थापित करने में सफल हो चुके थे। 1822 ई. में स्वतन्त्र जम्मू राज्य स्थापित करते हुए महाराजा रणजीत सिंह ने 'राजा' की उपाधि गुलाब सिंह जी को दी। उन्होंने जम्मू से 18 मील दूरी पर स्थित अखनूर के जिया पोटा दुर्ग में अपने कर-कमलों से राजा गुलाब सिंह जी का राज्याभिषेक 17 जून, 1822 को किया।

राजा गुलाब सिंह सदैव महाराजा रणजीत सिंह के विश्वासपात्र रहे और अपनी शौर्यगाथा को 1834 ई. में जनरल जोरावर सिंह की अगुवाई में लद्दाख, बाल्टिस्तान, रूड़क, अस्कर्दू, गारो तक पहुँचाया। जोरावर सिंह डुग्गर के महान सेनानायक थे। वे पहले भारतीय सेनापति थे जिन्होंने भारत का ध्वज मानसरोवर तक फहराया। 27 जून, 1839 को महाराजा रणजीत सिंह की मृत्यु के उपरान्त लाहौर दरबार में राजनीतिक मतभेद के चलते पहली अंग्रेज़-सिख लड़ाई शुरू हो गयी। इस युद्ध के बाद लाहौर दरबार और अंग्रेज़ों के बीच 9 मार्च, 1846 को सन्धि हुई। इसी कड़ी में 16 मार्च, 1846 को अमृतसर सन्धि हुई जिससे गुलाब सिंह जम्मू-कश्मीर रियासत के महाराजा बन गये और डोगरा शासन का नया युग प्रारम्भ हुआ। सप्त-सिन्धु क्षेत्र में स्थापित अपने राज्य में महाराजा गुलाब सिंह ने जम्मू, कश्मीर, लद्दाख, पेशावर, मुल्तान, मीरपुर यहाँ तक कि तिब्बत को भी शामिल कर लिया। वे स्वयं एक पराक्रमी योद्धा थे। अपने पराक्रम से 84,000 वर्ग मील क्षेत्र के अपने राज्य को सफलतापूर्वक अंग्रेज़ों से बचाकर रखा। फ़रवरी, 1857 ई. में

अपना स्वास्थ्य बिगड़ते ही महाराजा गुलाब सिंह ने अपने जीवन काल में ही अपने पुत्र रणवीर सिंह को गद्दी सौंप दी।

महाराजा गुलाब सिंह के बाद उनके सुपुत्र महाराजा रणवीर सिंह (1857-1885 ई.) ने जम्मू-कश्मीर का कार्यभार सँभाला। उन्होंने सबके लिए समान क़ानून बनाये और लागू किये। रणवीर दण्ड संहिता भी बनायी और राज्य के नागरिकों के उत्थान के लिए अनेक कार्य किये। महाराजा प्रताप सिंह व महाराजा हरि सिंह ने सामाजिक बुराइयाँ दूर करने व जम्मू-कश्मीर का गौरव बरकरार रखने का कार्य करते हुए सुशासन स्थापित किया।

अध्याय-दो

विदेशी आक्रान्ताओं के आक्रमण

भारत की स्वतन्त्रता के लिए जो आन्दोलन हुए वह 'स्व के तन्त्र' का संघर्ष था। 'स्व का तन्त्र' वह तन्त्र है जिस पर स्वयं का अधिकार होता है। महाकवि तुलसीदास का कहना है कि ''पराधीन सपनेहुँ सुख नाहीं'' अर्थात् पराधीन व्यक्ति स्वप्न में भी सुख का अनुभव नहीं कर सकता। इसीलिए हमारे देश के स्वतन्त्रता सेनानियों ने पराधीनता की बेड़ियों को तोड़ने के लिए अनेक बलिदान दिये, जिससे देश की आम जनता सम्मानपूर्वक जीवन-यापन कर सके। उल्लेखनीय है कि सम्पूर्ण भारत पर कोई भी विदेशी आक्रान्ता एक साथ शासन नहीं कर पाया। भारत देश पर यूनानी, हूण, शक, कुषाण, तुर्क, मुग़ल आदि आक्रमणकारियों ने आक्रमण किये। किन्तु वे भारतीय संस्कृति को मिटा न सके। भारतीय संस्कृति इसी निरन्तरता का परिचायक रही है। हिन्दूकुश से लेकर अरुणाचल प्रदेश तक और कराकोरम से लेकर कन्याकुमारी तक युधिष्ठिर और उनके पूर्ववर्ती राजाओं के अतिरिक्त महाराजा चन्द्रगुप्त मौर्य, सम्राट अशोक, समुद्रगुप्त, विक्रमादित्य जैसे महान सम्राटों ने ही सम्पूर्ण भारत पर शासन किया। अंग्रेज़ों ने जिस भारत पर शासन किया था, वह एक खण्डित भारत था जिसमें लगभग 562 छोटे-बड़े राज्य सम्मिलित थे। वास्तव में यह पराधीनता का कालखण्ड नहीं बल्कि संघर्ष का कालखण्ड था। सम्पूर्ण भारत में कहीं न कहीं, कभी न कभी स्वाधीनता के लिए संघर्ष चलता ही रहा।

इतिहासकारों का मानना है कि भारत पर प्रथम विदेशी आक्रमण ईरान के हखमनी वंश के शासकों ने किया था। इसे 'पारसी आक्रमण' भी कहा जाता है। हखमनी वंश का संस्थापक साइरस द्वितीय, जिसे 'कुरुष' कहा जाता था, उसने 550 ई. पू. भारत पर आक्रमण करने का प्रयास किया था।

भारत के राजाओं ने इस आक्रमण का मुँहतोड़ जवाब दिया तथा इस युद्ध में विजय प्राप्त की।

इतिहासकार बताते हैं कि ईरानियों के आक्रमण के पश्चात् यूनानियों का आक्रमण हुआ। जिसका नेतृत्व सिकन्दर ने किया। वह विश्व विजय के उद्‌देश्य से निकला था। इसीलिए सम्पूर्ण मध्य एशिया के देशों को जीतते हुए पोरस के राज्य तक पहुँच गया। ऐतिहासिक तथ्यों के अनुसार, 'सिकन्दर की सेना में 50 हज़ार से भी अधिक सैनिक थे जबकि पोरस के सैनिकों की संख्या 20 हज़ार के करीब थी। फिर भी सिकन्दर की विशाल सेना के आगे पोरस ने आत्मसमर्पण नहीं किया।' चिनाब और झेलम नदी के बीच 326 ई.पू. में सिकन्दर और पोरस के मध्य युद्ध लड़ा गया। पोरस ने वीरता के साथ लड़ाई लड़ी और युद्ध में अन्त तक टिका रहा। इस युद्ध में सिकन्दर की सेना को भारी नुक़सान पहुँचा। अपनी वीरता के बल पर पोरस ने अपना राज्य सम्मान सहित वापस प्राप्त किया।

ग्रीक बैक्ट्रिया प्रदेश को जीतने के बाद शकों ने 100 ई. पू. में भारत पर आक्रमण किया और सम्पूर्ण भारत में तूफ़ान की तरह फैल गये। ऐसे में भारतीय इतिहास पटल पर एक शक्तिशाली राजा मालवपति गन्धर्वसेन के पुत्र महाराजा विक्रमादित्य का प्रादुर्भाव हुआ। भारत के उस बुरे दौर में मालवगण के शक्तिशाली अधिपति विक्रमादित्य ने बाक़ी गणों को संगठित कर एक बड़ी सेना का निर्माण किया। उसने शकों के दाँत खट्टे कर दिये और उन्हें भारत छोड़ने के लिए विवश कर दिया। विक्रमादित्य के लगभग 135 साल बाद राजा शालिवाहन ने भी शकों को पुनः पराजित किया।

भारत पर विदेशी आक्रमण का क्रम यहीं समाप्त नहीं हुआ। इसके उपरान्त हूणों ने भारत पर आक्रमण किया। हूण मूलतः मध्य एशिया की एक जंगली और बर्बर जाति थी। भारत पर हूणों का पहला आक्रमण 458 ई. में हुआ था। उस समय गुप्त सम्राट कुमारगुप्त सम्राट थे। उन्होंने युवराज स्कन्दगुप्त को हूणों का सामना करने का उत्तरदायित्व सौंपा। स्कन्दगुप्त ने हूणों को बुरी तरह पराजित किया और इस विजय की याद में 'विष्णु स्तम्भ' बनवाया। किन्तु छठी शताब्दी के आरम्भ तक हूणों ने भारत के उत्तर-पश्चिमी हिस्से के एक बहुत बड़े भू-भाग पर अधिकार कर लिया।

उन्होंने अपने शासन की अवधि में कई विद्वानों और कलाकारों का वध करके, साहित्यिक-सांस्कृतिक पुस्तकें जलाकर, मन्दिरों-मठों, इमारतों और ऐतिहासिक ग्रन्थों को नष्ट करके भारत को बड़ी क्षति पहुँचायी।

यह विदेशी आक्रमणकारियों का ऐसा षड्यन्त्र था जिससे कि भारत की महान संस्कृति का अन्तिम अवशेष भी आने वाली पीढ़ियों तक न पहुँचे। किन्तु सच तो यह है कि यह हानि केवल भारत और भारतीयों की ही नहीं, अपितु सम्पूर्ण मानव जाति की थी।

सोने की चिड़िया कहे जाने वाले सम्पन्न भारतवर्ष के उत्तर-पश्चिम क्षेत्र पर आठवीं शताब्दी में अरबों ने आक्रमण कर दिया, जिसका नेतृत्व मुहम्मद-बिन-कासिम ने किया। इराक के शासक को हराने के बाद मुहम्मद-बिन-कासिम ने 712 ई. में सिन्धु नदी को पार करके राजा दाहिर पर आक्रमण किया। भारत को लूटने और इस पर क़ब्ज़ा करने के लिए पश्चिम के रेगिस्तानों से आने वाले आक्रान्ताओं का आक्रमण सबसे पहले सिन्धु की वीरभूमि को ही झेलना पड़ता था। प्रारम्भ में कई युद्ध हारने के बाद मुहम्मद-बिन-कासिम ने छल-कपट से राजा दाहिर को हराया और सिन्धु क्षेत्र के महत्त्वपूर्ण भागों पर क़ब्ज़ा कर लिया। इस युद्ध से सिन्धु क्षेत्र की आर्थिक दशा बिगड़ गयी। मुहम्मद-बिन-कासिम की सेना ने बड़ी निर्ममता से लोगों, व्यापारियों और सैनिकों को मारा। राजा दाहिरसेन के बलिदान के बाद उनकी पत्नी लाडी और बहन पद्मा ने भी युद्ध में वीरगति पायीं। उनकी दोनों पुत्रियों सूर्या और परमाल ने अपने माता-पिता के अपमान का बदला लेकर एक-दूसरे के सीने में विष से बुझी कटार घोंपकर मातृभूमि की शान में अपने प्राणों की आहुति दी। उसके पश्चात् महमूद ग़ज़नवी ने सन् 1001 ई. से सन् 1026 ई. के दौरान कुल 17 बार भारत पर आक्रमण किये। कश्मीर पर जब ग़ज़नवी का आक्रमण हुआ तो सम्राज्ञी दिद्दा (958-1003 ई.) के भांजे व पुंछ के राजकुमार संग्रामराजा जी 1003 ई. में कश्मीर की गद्दी पर विराजमान हुए थे। उन्होंने शाही फ़ौज की मदद से ग़ज़नवी के दाँत खट्टे किये। 6 वर्ष बाद पुनः ग़ज़नवी ने कश्मीर का रुख़ किया। किन्तु इस बार भी असफलता ही उसके हाथ लगी थी।

8 वीं शताब्दी में आक्रान्ताओं के आक्रमण के समय हमें अपनी सम्प्रभुता और पहचान बनाये रखने में चुनौतियों का सामना करना पड़ा। क़ाबुल के हिन्दू शाही शासकों पर लगातार हमले किये जा रहे थे। राजा सूरज देव (840 ई.-912 ई.) और उनकी रानी नीला दोनों ने हिन्दू शाही शासकों की ओर से क़ाबुल में विदेशी आक्रमण के ख़िलाफ़ लड़ाई लड़ी। उसके बाद जम्मू के शासक लगातार विदेशी आक्रमणकारियों से युद्ध लड़ते रहे। राजा सूरज देव से लेकर राजा वीरम देव (1454-1489 ई.) तक जम्मू के शासकों ने भारत में विदेशी आक्रमणों के ख़िलाफ़ मोर्चाबन्दी की।

जम्मू न केवल इन विदेशी शासकों से घिरा हुआ था, बल्कि उस पर खोखरों का भी आन्तरिक ख़तरा मँडरा रहा था। राजा वीरमदेव ने मीना नाम की अपनी कनीज और भान नाम के सहायक की मदद से खोखर प्रमुख जसरथ को मारकर इस समस्या का समाधान किया। मीना कनीज को सम्मानित करने के लिए जागीर (मीनावर और मनोर) दी, जो वर्तमान में पाकिस्तान में स्थित है। सन् 1480 ई. में बहलोल लोदी के चाचा तातार ख़ान ने जम्मू के राजा वीरमदेव की सीमाओं पर आक्रमण किया और सियालकोट के कुछ हिस्से पर क़ब्ज़ा करने की कोशिश की। लेकिन राजा वीरमदेव ने पुँछ के अपने जागीरदारों के साथ एक सेना का गठन करके राजौरी में तातार ख़ान को हरा दिया और जम्मू पर हमेशा के लिए नियन्त्रण करने की उसकी महत्त्वाकांक्षा को मिटा डाला। राजा वीरमदेव एक बहुत ही बहादुर, देशभक्त और उदार शासक थे। उनके घर और दरबार में सभी धर्मों के अनुयायी सेवा करते थे। उन्हें अपनी प्रजा से इतना प्यार था कि विदेशी शासकों और खोखरों के ख़िलाफ़ उनके संघर्ष के कई गाथागीत डोगरा भूमि में गाये जाते हैं। ऐसी ही एक कथा में कहा गया है कि उनके एक बेटे को दिल्ली की सल्तनत द्वारा बन्धक बना लिया गया और एक क्रूर मन्त्री ने उसकी हत्या कर दी थी। एक अन्य गाथागीत उनके बेटे की मृत्यु की कहानी बताता है। जिसमें उन्हें लोदी दरबार में आमन्त्रित किया गया और उन्हें धर्म परिवर्तित करने तथा लोदी की बेटी से शादी करने के लिए कहा गया। लेकिन वीर डोगरा शासक ने उस प्रस्ताव को अस्वीकार कर दिया जिसके लिए उन्हें क़ैद तथा भारी प्रताड़ना झेलनी पड़ी।

अध्याय-तीन

मुग़ल काल का संघर्ष

लोदी वंश के बाद 1526 ई. में बाबर ने पानीपत की लड़ाई में इब्राहिम लोदी को पराजित कर भारत में प्रवेश किया और भारत में मुग़ल साम्राज्य की स्थापना की। मुग़लों को पता था कि डोगरा शासकों पर सीधे शासन करना मुश्किल होगा। इसीलिए उन्होंने इस अवसर का लाभ उठाया और डोगरा प्रदेश पर छद्म रूप से प्रभाव स्थापित करना शुरू कर दिया। सन् 1571 ई. के बाद जम्मू की राजनीति में मुग़लों का हस्तक्षेप शुरू हो गया। बाहुवाल वंश के राजा जगदेव की सन् 1780 ई. में मुग़ल हाकिम सद्दीक ख़ान द्वारा हत्या कर दी गयी। इसीलिए इसका बदला लेने के लिए उनके भाई लालदेव ने संघर्ष किया और डोगरा साम्राज्य को विदेशी हस्तक्षेप से मुक्त कराया। सादिक ख़ान की हत्या के बाद आसपास की पहाड़ियों के कई शासकों ने समय-समय पर तत्कालीन मुग़ल सम्राट अकबर के ख़िलाफ़ संघर्ष किये। सन् 1589-90 ई. में बसोहली के राय कृष्ण बिलावरिया, जसरोटा के राय भान, लखनपुर के बलभद्रा और नूरपुर, काँगड़ा के शासकों सहित डोगरा शासकों ने एक साथ मिलकर मुग़ल सेना को हराया। समय बीतने के साथ लखनपुर, पठानकोट और नूरपुर मुग़ल साम्राज्य में सिमट गये। लेकिन जम्मू साम्राज्य को जीतने में मुग़लों की शाही सेना को छह साल लग गये।

जसरोटा के क़िले को मुग़ल सेना ने घेर लिया था। मुग़ल सेना ने क़िले के चारों ओर की डोगरा प्रजा को प्रताड़ित किया। वे उनके खेतों को नष्ट कर देते, घरों को लूट लेते और महिलाओं व बच्चों को बलात् प्रताड़ित करते थे। जनसमाज क़िले की रक्षा के लिए आगे आया। जसरोटा का क़िला जीतना कठिन था क्योंकि यह रणनीतिक रूप से एक पहाड़ी पर स्थित था। जो नदी और अन्य घने जंगल से घिरा हुआ था। मुग़लों की सेना जंगल से पेड़ों को काटती थी और क़िले के निर्माण के लिए लट्ठों को लाहौर ले जाती

थी। 'अकबरनामा' में उल्लेख है कि 'जसरोटा का क़िला पहाड़ियों पर स्थित सबसे मज़बूत क़िला है'। इससे पूर्व 1586 ई. में अकबर ने कश्मीर पर अपना क़ब्ज़ा कर लिया था।

राजा संग्राम देव के बाद उनके बेटे राजा भूपत देव ने सन् 1625 ई. से जम्मू पर शासन किया। 'शाहनामा' में उल्लेख है कि राजा भूपत देव की सन् 1656 ई. में काँगड़ा के मुग़ल फ़ौजदार शाह कुली ख़ान द्वारा विश्वासघात से हत्या कर दी गयी। भूपत देव की हत्या के लिए शाह कुली ख़ान द्वारा की गयी साज़िश यह साबित करती है कि डोगरा शासक एक शक्तिशाली और प्रभावशाली शासक थे जो प्रजा से बहुत प्यार करते थे। सन् 1660 ई. में जम्मू के राजा कृपाल देव ने पंजाब के मुग़ल वायसराय ख़्वाजा बेग के ख़िलाफ़ अपनी तलवार उठायी। राजा कृपाल देव के साथ चम्बा के छत्तर सिंह, बसोहली के राजा धीरज पाल और गुलेर के राज सिंह शामिल हुए। उन्होंने सन् 1670 ई. से 1680 ई. तक लगातार औरंगज़ेब के ख़िलाफ़ अपने अधिकार के लिए युद्ध लड़े। औरंगज़ेब की यातनाओं के विरुद्ध आवाज़ उठाने के बाद यहाँ सिखों के नौवें गुरुतेग बहादुर जी ने समाज की रक्षा हेतु सर्वोच्च शहादत दी।

जम्मू के उल्लेखनीय राजाओं में से एक राजा ध्रुवदेव ने सन् 1707 ई. से सन् 1733 ई. तक जम्मू पर शासन करते हुए पूरे क्षेत्र को मुग़लों के प्रभाव से मुक्त रखा। वह बहादुर शाह और फ़र्रुख़सियर के समकालीन थे। उन्होंने नूरपुर, चम्बा तथा अन्य राज्यों को जीतकर दक्षिण पूर्व दिशाओं में अपने साम्राज्य का विस्तार किया। ध्रुवदेव ने दिल्ली पर क़ब्ज़ा जमाये बैठे मुग़लों को खुलेआम चुनौती दी और उनके वर्चस्व को स्वीकार करने से इनकार कर दिया।

उन्होंने बन्दा बहादुर को आश्रय दिया, जो जम्मू के आसपास के इलाकों में अत्याचारी मुग़ल अधिकारियों के ख़िलाफ़ लड़ रहे थे। बन्दा बहादुर को सैन्य सहायता भेजकर मुग़लों को उनके प्रदेशों से भगाने में मदद की। बन्दा सिंह बहादुर का जन्म 27 अक्टूबर, 1670 को जम्मू-कश्मीर प्रान्त के राजौरी में हुआ था। उनका प्रारम्भिक नाम लक्ष्मण दास था। बहुत कम उम्र में वे घर छोड़कर वैरागी हो गये और उन्हें माधोदास वैरागी के नाम से जाना

जाने लगा। गुरु गोविन्द सिंह जी ने देश की उस समय की परिस्थिति और आवश्यकता बताकर मुग़लों के ख़िलाफ़ संघर्ष की उन्हें प्रेरणा दी। गुरु ने बन्दा सिंह को एक तलवार, पाँच तीर तथा तीन साथी दिये थे। साथ ही, उन्होंने एक सन्देश भी दिया था कि पंजाब में मुग़लों के ख़िलाफ़ अपना नेतृत्व दें। उसके बाद उन्होंने सैनिक प्रशिक्षण, हथियारों और सेना के बिना 2,500 क़िलोमीटर का सफ़र तय किया और बीस महीने के अन्दर सरहिन्द पहुँच कर गुरु-पुत्रों के बलिदान का बदला लिया। 1716 ई. तक जम्मू पुत्र बन्दा बहादुर ने मुग़लों को लगातार ललकारा और जंग का बिगुल बजाये रखा। बन्दा सिंह बहादुर ने अपने नये कमान केन्द्र को लौहगढ़ का नाम दिया था। सरहिन्द की जीत को याद करते हुए उन्होंने नये सिक्के ढलवाये और अपनी नयी मोहर जारी की। वीर बन्दा बहादुर एक महान सेनानी थे जिन्होंने भारतीयों की रक्षा हेतु अपना सर्वस्व अर्पित किया था। एक लम्बे संघर्ष के बाद देश, समाज, संस्कृति की रक्षा के लिए बन्दा बहादुर ने मुग़लों से लड़ते हुए अपना बलिदान दिया था। उन्होंने मुग़लों की दासता कभी स्वीकार नहीं की थी।

ध्रुव देव की तरह उनके पुत्र महाराजा रणजीत देव ने सन् 1733 ई. से 1782 ई. तक जम्मू पर शासन किया। उन्होंने सियालकोट, कोटली, मनोर और उत्तरी गुजराँवाला पर विजय प्राप्त करके जम्मू के दक्षिण-पश्चिम में अपने साम्राज्य का विस्तार किया। शेमत अली और जी.सी. स्मिथ महाराजा रणजीत देव के नैतिक आचरण और उनके अलौकिक गुणों की कई कहानियाँ सुनाते हैं। दोनों लेखकों के अभिलेख एक समान कहानी बताते हैं जिसमें जम्मू के महाराजा रणजीत देव ने एक ऐसे जंगली घोड़े को वश में किया, जिसे पूरे राज्य में कोई नहीं कर सका था। कहा जाता है कि महाराजा ने इसे वश में करते हुए लाहौर क़िले की दीवार से छलांग लगा दी थी। सभी ने यह सोचा कि महाराजा स्वर्गवासी हो गये। लेकिन कुछ समय बाद वे घोड़े के साथ यह कहते हुए लौटे कि घोड़े को प्रशिक्षण और वशीकरण के लिए खुले मैदान की आवश्यकता पड़ती है।

हमारी कई वीरांगनाओं ने भी बाहरी आक्रमणकारियों से लोहा लिया और दुश्मनों के दाँत खट्टे किये। लेकिन उन्होंने उनकी अधीनता स्वीकार नहीं की। किश्तवाड़ की कोक़िला देवी का उदाहरण हमारे सम्मुख है कि किस

तरह युद्ध के मैदान में कोक़िला देवी ने मुग़लों की सेना का सामना किया। अकेली डोगरा वीरांगना कोक़िला देवी ने मुग़लों की सेना से संघर्ष किया। परिणामस्वरूप सैकड़ों मुग़लों को अपनी जान गँवानी पड़ी।

जम्मू-कश्मीर बन्दा बहादुर जैसे वीर और कोक़िला देवी जैसी महान वीरांगना की जन्मभूमि है। इनकी शौर्य और पराक्रम से भरा जीवन हमें अनायास ही महान मराठा शासक शिवाजी महाराज, मेवाड़ के महाराणा प्रताप और झाँसी की रानी लक्ष्मी बाई की याद दिलाता है।

अध्याय-चार

जम्मू-कश्मीर में अंग्रेज़ों का हस्तक्षेप और महाराजाओं द्वारा प्रतिरोध

अंग्रेज़ों ने पंजाब की विजय के बाद जम्मू-कश्मीर राज्य के आन्तरिक मामलों में हस्तक्षेप करना शुरू कर दिया। एक ओर अंग्रेज़ों का मध्य एशिया में अपना औपनिवेशिक हित था तो दूसरी ओर उन्हें मध्य एशिया तथा फ़ारस में रूस की प्रगति का भय सता रहा था। रणनीतिक स्थिति के कारण उनकी लालच भरी निग़ाहें जम्मू-कश्मीर राज्य पर टिकी हुई थीं। इसलिए पंजाब को परास्त करने के बाद जम्मू-कश्मीर को अपने अधीन करना उनकी स्पष्ट नीति थी। ईस्ट इंडिया कम्पनी ने शायद ही कभी किसी अज्ञात क्षेत्र पर प्रत्यक्ष सैन्य हमला किया हो। उन्होंने अन्य भारतीय राज्यों पर क़ब्ज़ा करने से पहले अपने प्रभाव को बढ़ाने के लिए कई तरह के राजनीतिक, आर्थिक और कूटनीतिक तरीक़ों का इस्तेमाल किया था।

जब ईस्ट इंडिया कम्पनी ने भारत पर अपना प्रभुत्व स्थापित किया तो उन्हें अहसास हुआ कि भारत को अधिक समय तक अधीन नहीं रखा जा सकता है। तब उन्होंने लॉर्ड मैकाले की अध्यक्षता में एक कमीशन भेजा। जिसका उद्देश्य भारतीयमानस में हीनताबोध, आत्मग्लानि और आत्मविस्मृति का भाव भर का भारत में लम्बे समय तक शासन करना था। भारत, जो उस समय विश्व में विज्ञान और संस्कृति के क्षेत्र में अग्रणी था, उसे एक षड्यन्त्र के तहत यह दिख़ाने का प्रयास किया गया कि वह एक अविकसित, अवैज्ञानिक तथा पिछड़ा हुआ भूभाग है।

1857 ई. में कुछ दूर दृष्टा, राष्ट्रवादी व देशभक्ति से ओत-प्रोत सपूत 10 मई, 1857 को मेरठ में ईस्ट इंडिया कम्पनी के विरुद्ध संघर्ष का बिगुल बजाते हैं। इनमें प्रमुखतः मंगल पाण्डे, नाना साहेब, तात्या टोपे, रानी

लक्ष्मीबाई जैसे लोगों ने अग्रणी भूमिका निभाई थी। सन् 1857 ई. की क्रान्ति का समय देश में जाग्रत होने का समय था। इसके लिए रोटी और कमल का प्रतीकात्मक प्रयोग किया जा रहा था। "हम सब एक हैं और हमारा एक ही लक्ष्य है।" यह बताने के लिए गाँव-गाँव में रोटी भेजी जाती थी। इसी तरह एक छावनी से दूसरी छावनी तक कमल का फूल भेजा जाता था जिससे सशस्त्र क्रान्ति का संदेश दिया जाता था। जम्मू-कश्मीर में भी देश इन अक्रांताओं से मुक्त होना चाहिए ऐसा जनमानस तैयार था।

ऐसे बहुत से ऐतिहासिक प्रमाण मिलते हैं जिनके अनुसार सन् 1857 ई. में 'प्रथम स्वतन्त्रता संग्राम' के दौरान तात्या टोपे राव साहेब के साथियों के साथ जम्मू-कश्मीर के ऊधमपुर में चढ़ेई मित्तल के पास पहुँचे थे। जब अंग्रेज़ सैनिक उन्हें भारत के चप्पे-चप्पे में ढूँढ़ रहे थे, वे संन्यासी के वेश में इसी स्थान पर रह रहे थे। उस स्थान को डूम चौक कहा जाता था। बाद में उसका नाम ज्ञान चौक हुआ। महाराजा प्रताप सिंह ने उनकी गुप्त रूप से रहने की व्यवस्था कराई थी परन्तु अंग्रेज़ों को इसकी जानकारी मिल गयी। इसलिए उन्हें स्थान बदलना पड़ा। उन्हें स्थानीय लोगों का भरपूर सहयोग मिल रहा था।

महाराजा प्रताप सिंह का शासनकाल और अंग्रेज़ों का हस्तक्षेप

महाराजा गुलाब सिंह के शासनकाल में ही अंग्रेज़ों ने जम्मू-कश्मीर राज्य के आन्तरिक मामलों में हस्तक्षेप करना शुरू कर दिया था। परन्तु महाराजा गुलाब सिंह को यह पसन्द नहीं था। इसलिए वह समय-समय पर इसका विरोध करते रहते थे। 1848 ई. में गवर्नर जनरल हेनरी हार्डिंग ने महाराजा गुलाब सिंह को लिखा कि वह जम्मू-कश्मीर में अंग्रेज़ रेजिडेंट नियुक्त करना चाहते हैं। लेकिन महाराजा गुलाब सिंह ने इस प्रस्ताव का कड़ा विरोध करते हुए कहा कि अमृतसर की सन्धि में ऐसा कोई प्रावधान नहीं था। इसलिए अंग्रेज़ों को राज्य में रेजिडेंट नियुक्त करने का अधिकार नहीं है।

यूरोपीय पर्यटक (विजिटर्स) लगातार बड़ी संख्या में जम्मू-कश्मीर आने लगे थे। इन आगन्तुकों की देखभाल के बहाने अंग्रेज़ों ने रेजिडेंट नियुक्त

करने के लिए दबाव बनाया। 1851 ई. में औपचारिक रूप से महाराजा गुलाब सिंह को प्रस्ताव भेजा गया। उन्होंने फिर से विरोध किया कि यह सन्धि का सीधा उल्लंघन है। परन्तु 1852 ई. में एक अंग्रेज़ विशेष अधिकारी को विदेशी आन्गतुकों की देखभाल के लिए श्रीनगर में पदस्थापित किया गया। प्रथम विशेष अधिकारी मेजर मैकग्रेगर थे। वास्तव में, विशेष अधिकारी एक राजनीतिक अधिकारी था जो गवर्नर जनरल को राज्य में और उसकी सीमाओं से परे की घटनाओं के बारे में सूचित करता था।

1860 ई. के दशक में रूस का अफ़ग़ानिस्तान, चित्राल, गिलगित और पामीर में प्रभाव बढ़ने से अंग्रेज़ों का जम्मू-कश्मीर राज्य में हस्तक्षेप बढ़ा। इसके अलावा अंग्रेज़ मुख्य रूप से व्यापारी थे। उन्हें मध्य एशियाई व्यापार का भी लालच था। अब तक महाराजा गुलाब सिंह ने अपने राज्य में अंग्रेज़ व्यापार पर प्रतिबन्ध लगा रखा था। उन्होंने यह आरोप लगाया था कि महाराजा की सरकार ने न केवल राज्य की सीमाओं पर शुल्क एकत्र किया, बल्कि आयात पर अत्यधिक दरें भी वसूल की थीं। इसीलिए भारत में अंग्रेज़ सरकार ने 1863 ई. में महाराजा रणबीर सिंह से सम्पर्क किया और उन्हें व्यापार पर शुल्क कम करने के लिए राजी किया। इसके बाद जनवरी, 1867 ई. में लेह में व्यापार से सम्बन्धित एक अंग्रेज़ एजेंट नियुक्त किया गया। परन्तु उसे अप्रत्यक्ष रूप से चीन में घटनाओं की प्रगति के बारे में राजनीतिक जानकारी एकत्र करने का काम भी दिया गया था। हालाँकि, महाराजा रणबीर सिंह को आश्वासन दिया गया था कि लेह में अंग्रेज़ एजेंट राज्य के आन्तरिक मामलों में हस्तक्षेप नहीं करेगा। 1877 ई. तक जम्मू-कश्मीर राज्य और भारत की अंग्रेज़ी सरकार के बीच राजनीतिक सम्बन्ध पंजाब सरकार के माध्यम से चलाये जाते थे, उसके बाद विशेष अधिकारी को सीधे भारत की अंग्रेज़ी सरकार के अधीन रखा गया था।

वायसराय नॉर्थ बरूक (1872-1876 ई.) ने 1873 ई. में रेजीडेंसी मामले को पुनर्जीवित किया लेकिन उनके प्रस्ताव को महाराजा रणबीर सिंह ने स्वीकार नहीं किया। उन्होंने रेजिडेंट की नियुक्ति के ख़िलाफ़ अपना रुख़ स्पष्ट करते हुए एक ज्ञापन सौंपा जिसमें उन्होंने भारत में अंग्रेज़ सरकार को

अपने पिता गुलाब सिंह की सेवाओं की याद दिलायी। उनके पिता ने काबुल के अमीर दोस्त मोहम्मद और सरदार चुत्तूर सिंह के विद्रोह के समय अंग्रेज़ सरकार को बहुमूल्य सहयोग किया था। महाराजा गुलाब सिंह कूटनीति के माहिर थे। समय की नाज़ुकता और अपने राज्य के भूगोल को समझते हुए उन्होंने अंग्रेज़-अफ़ग़ान युद्ध में भी निर्णायक भूमिका निभायी थी। इसलिए वायसराय नॉर्थ बरूक अपने मिशन में सफल नहीं हुआ।

उसके बाद वायसराय लिटन (1876-1880 ई.) ने महाराजा रणबीर सिंह को 17-18 नवम्बर, 1876 को माधोपुर में एक बैठक में गिलगित में राजनीतिक अधिकारी की नियुक्ति का प्रस्ताव दिया और बदले में वायसराय लिटन ने महाराजा रणबीर सिंह को यासीन और चित्राल पर आधिपत्य करने और दो दर्रों को सुरक्षित करने के लिए जम्मू-कश्मीर को ब्रिटिश समर्थन की पेशकश की। परिणामस्वरूप 1877 ई. में गिलगित एजेंसी की स्थापना हुई और कप्तान बिदुल्फ गिलगित में पहला ऐसा राजनीतिक एजेंट बन गया, जिसका काम सीमा से परे होने वाली घटनाओं और पड़ोसी जनजातियों के बारे में विश्वसनीय जानकारी प्राप्त करना था। लेकिन वायसराय रिपन (1880-1884 ई.) ने 1881 ई. में गिलगित एजेंसी को समाप्त कर दिया। व्यापार मार्गों का प्रशासन संयुक्त आयुक्तों को सौंपा गया, उन्हें मध्य एशिया और भारत में अंग्रेज़ सरकार के बीच व्यापार को नियन्त्रित करने और पर्यवेक्षण करने के लिए न्यायिक शक्तियाँ और विशेष अधिकार दिये गये थे। वास्तव में यह पहली बार था कि अंग्रेज़ों द्वारा राज्य के एक हिस्से में प्रभावी क्षेत्रीय अधिकार ग्रहण किया गया था। अंग्रेज़ों द्वारा हासिल किये गये अधिकार को राज्य की पूरी सीमा पर क्रमशः बढ़ाया गया था।

1884 ई. में महाराजा रणबीर सिंह के अन्तिम समय में अंग्रेज़ों ने रेजिडेंट नियुक्त करने का निर्णय लिया। इसी सन्दर्भ में 7 अप्रैल, 1884 को वायसराय रिपन ने राज्य सचिव किम्बर्ले को लिखा कि ब्रिटिश रेजिडेंट की आवश्यकता न केवल प्रशासनिक सुधारों और पर्यवेक्षण के लिए है, बल्कि उत्तर-पश्चिम सीमाओं से परे घटित घटनाओं के बढ़ते महत्त्व के कारण भी है। उत्तर में ब्रिटिश सचिव, किम्बर्ले 23 मई, 1884 को लिखते हैं कि सीमा

से परे घटित घटनाओं के कारण परिस्थितियों में बहुत बदलाव आया है, जिसने भौतिक रूप से जम्मू-कश्मीर के राजनीतिक महत्त्व को बढ़ाया है। इसलिए महाराजा रणबीर सिंह की मृत्यु के बाद किसी भी समय रेजिडेंट की नियुक्ति कर सकते हैं। कश्मीर में विशेष अधिकारी ओलिवर सेंट जॉन ने नये वायसराय डफरिन का ध्यान अगस्त, 1884 में प्राप्त निर्देशों की ओर आकर्षित किया था। इसलिए महाराजा प्रताप सिंह (1885-1825 ई.) के राज्याभिषेक के तुरन्त बाद वायसराय डफरिन (1884-1888 ई.) ने आदेश भेजा कि अच्छी सरकार के हित में यह आवश्यक है कि महाराजा अपने प्रशासन में कुछ सुधार पेश करें और जम्मू-कश्मीर में एक अंग्रेज़ रेजिडेंट नियुक्त करें। महाराजा प्रताप सिंह ने इसका विरोध किया लेकिन नये महाराजा के जोरदार विरोध के बावजूद अंग्रेज़ सरकार ने ओलिवर सेंट जॉन (जो कश्मीर में विशेष अधिकारी के पद पर था) को जम्मू-कश्मीर का प्रथम अंग्रेज़ रेजिडेंट बना दिया।

प्रथम रेजिडेंट का कार्यकाल छह महीने का ही था लेकिन जाने से पहले उसने महाराजा प्रताप सिंह के प्रशासन और चरित्र के बारे में बहुत ही नकारात्मक रिपोर्ट लिख छोड़ी थी। मार्च, 1886 ई. में टीसी प्लॉडेन को रेजिडेंट बनाया गया। रेजिडेंट प्लॉडेन ने महाराजा विरोधी गुट का समर्थन कर उसे प्रोत्साहित किया जिसके नेता महाराजा के छोटे भाई अमर सिंह थे। ऐसे में रेजिडेंट ने महाराजा प्रताप सिंह के वित्त मन्त्री नीलाम्बर मुखर्जी को राज्य छोड़ने पर मजबूर किया। 1887 ई. में दीवान गोबिन्द सहाय को हटा कर लक्ष्मण दास को सलाहकार रखा गया। इस प्रकार महाराजा प्रताप सिंह जी के सलाहकारों और भरोसेमन्द आदमियों को हटाकर, रेजिडेंट ने जम्मू-कश्मीर राज्य को सम्पूर्णतः हड़पने की योजना बनानी शुरू कर दी। जैसे ही महाराजा ने राज्य की स्वायत्तता पर अंग्रेज़ों के हमलों का विरोध किया। उन्हें सत्ता से वंचित करने के लिए योजना तैयार की गयी। 1888 ई. के अन्त में, रेजिडेंट ने एक चौंकाने वाला खुलासा किया कि उसके पास देशद्रोहपूर्ण पत्र थे, जोकि महाराजा ने रूस के ज़ार (राजा) को, महाराजा दलीप सिंह (पंजाब के महाराजा जिन्हें अंग्रेज़ों ने गद्दी से हटाया था) और अपने कुछ अन्य पसन्दीदा लोगों को लिखे थे। महाराजा प्रताप सिंह ने कहा कि उन्होंने ऐसा कोई भी पत्र नहीं लिखा था।

अचानक एंग्लो-इंडियन प्रेस सनसनीखेज ख़बर लेकर आया कि जम्मू-कश्मीर के महाराजा को देशद्रोही गतिविधियों के लिए दोषी पाया गया था। लेकिन भारतीय स्वामित्व वाली प्रेस, विशेष रूप से 'अमृत बाज़ार पत्रिका' ने महाराजा के मुद्दे को उठाया। पत्रिका में भारत में अंग्रेज़ सरकार के तत्कालीन विदेश सचिव द्वारा लिखित एक गुप्त पत्र प्रकाशित किया गया जिसमें उसने राज्य के आन्तरिक मामलों को नियंत्रित करने के लिए राज्य के सीमान्त ज़िलों को अपनी प्रत्यक्ष निगरानी में लेने की ब्रिटिश आवश्यकता व्यक्त की थी। प्रेस में यह दस्तावेज़ पढ़कर वायसराय बहुत परेशान और नाराज हुआ। राष्ट्रवादी भारतीयों द्वारा उठाये गये इस तूफ़ान ने अंग्रेज़ों के इस षड्यन्त्र को असफल कर दिया था।

नाराज़ अंग्रेज़ों ने 8 मार्च, 1889 को महाराजा प्रताप सिंह के प्रशासन की सभी शक्तियों को पाँच सदस्यीय प्रतिशासन परिषद (रीजेंसी काउंसिल) को सौंप दिया। रीजेंसी काउंसिल में राजा अमर सिंह, राजा राम सिंह, राय बहादुर पण्डित भाग राम और अन्य सदस्य शामिल थे। राजा अमर सिंह की अध्यक्षता में 18 अप्रैल, 1889 को पहली बैठक में घोषित किया गया कि सभी मामलों में अन्तिम निर्देश/निर्णय रेजिडेंट का ही होगा और वह काउंसिल द्वारा पारित किसी भी प्रस्ताव को वीटो कर सकता है या आगे स्पष्टीकरण लंबित होने पर कार्रवाई को निलम्बित कर सकता है।

इस प्रकार महाराजा प्रताप सिंह के पटाक्षेप के बाद भारत में अंग्रेज़ सरकार ने 1889 ई. में गिलगित एजेंसी की पुनःर्स्थापना की जिसका कि महाराजा विरोध कर रहे थे। इस सन्दर्भ में ब्रिटिश संसद के उदारवादी सदस्य विलियम डिग्बी ने कहा कि जम्मू-कश्मीर में कोई कुशासन नहीं था। वास्तव में भारत की ब्रिटिश सरकार जम्मू-कश्मीर के राज्य पर पूर्ण नियन्त्रण प्राप्त करना चाहती थी। इस तरह राज्य प्रशासन में अंग्रेज़ों के प्रत्यक्ष हस्तक्षेप से भारत में अंग्रेज़ सरकार की काफी निन्दा हुई थी। अधिकांश भारतीय राजाओं ने जम्मू-कश्मीर में हुई घटनाओं पर चिन्ता व्यक्त की थी। कुछ समय पश्चात् यह स्पष्ट हुआ कि महाराजा पर लगाया गया आरोप निराधार था। 16 वर्ष के बाद 1905 ई. में वायसराय कर्जन (1899-1905 ई.) ने

रीजेंसी काउंसिल को समाप्त कर प्रशासन के अधिकार महाराजा को वापस सौंप दिये। महाराजा को एक मुख्यमन्त्री और तीन अन्य मन्त्रियों राजस्व, गृह और न्यायिक द्वारा सहायता प्रदान की जानी थी। 1909 ई. में राजा अमर सिंह की मृत्यु के साथ एक लम्बा विवाद समाप्त हो गया। महाराजा प्रताप सिंह ने दीवान अमर नाथ को मुख्यमन्त्री नियुक्त किया और 1915 ई. में कमांडर-इन-चीफ़ का पद अपने भतीजे हरि सिंह जी को दिया जोकि स्वयं महाराजा के पास था। सितम्बर, 1920 में अपने अन्तिम समय में, महाराजा ने एक बार फिर वायसराय से अपनी सभी शक्तियों की बहाली के लिए अपील की। परन्तु बदले में भारत की अंग्रेज़ी सरकार ने आश्वासन माँग कि महाराजा प्रशासनिक मामलों में रेजिडेंट की सलाह को स्वीकार करेंगे और मौजूदा नियमों और विनियमों और सीमा नीति में किसी भी महत्त्वपूर्ण बदलाव के बारे में रेजिडेंट को सूचित करेंगे। आखिर में मार्च, 1921 ई. में वायसराय चेम्सफोर्ड (1916-1921 ई.) ने जम्मू में आयोजित एक दरबार में उनकी पूरी शक्तियाँ बहाल कर दी थीं।

इससे यह निष्कर्ष निकलता है कि शुरू में अंग्रेज़ों ने राज्य के आन्तरिक मामलों में हस्तक्षेप किये बिना अफ़ग़ान सीमा की रक्षा के लिए नवगठित राज्य का उपयोग करने की मंशा दिखाई। उन्होंने राज्य के निर्माण के दो वर्ष के भीतर ही राज्य के आन्तरिक मामलों में हस्तक्षेप करना शुरू कर दिया। महाराजा गुलाब सिंह और उनके उत्तराधिकारी, महाराजा रणबीर सिंह ने अपने दरबार में अंग्रेज़ रेजिडेंट की नियुक्ति का कड़ा विरोध किया था। लेकिन 1852 ई. से ईस्ट इंडिया कम्पनी ने विशेष अधिकारी के द्वारा राज्य पर अपनी नज़र बनाये रखी थी। बाद में महाराजा प्रताप सिंह जी के राज्याभिषेक के साथ, भारत की अंग्रेज़ी सरकार महाराजा के कड़े विरोध के बावजूद जम्मू-कश्मीर में रेजीडेंसी स्थापित करने में सफल हो गयी। इस प्रकार भारत की अंग्रेज़ी सरकार ने राज्य के वित्त, सशस्त्र बलों, जागीर अनुदान, प्रशासनिक सेवाओं में नियुक्तियों और राज्य के विदेशी सम्बन्धों पर रेजिडेंट के माध्यम से पूर्ण नियन्त्रण बना लिया।

23 सितम्बर, 1895 को जन्मे महाराजा हरि सिंह राजा अमर सिंह जामवाल के पुत्र थे—जिनके भाई महाराजा प्रताप सिंह राज्य के शासक थे।

जम्मू-कश्मीर की तत्कालीन रियासत के अन्तिम डोगरा शासक महाराजा हरि सिंह 23 सितम्बर, 1925 को अपने तीसवें जन्मदिन पर सिंहासन पर बैठे। वह भारतीय इतिहास में सुधारवादी और प्रगतिशील राजा के रूप में उभरे। उनका युग मुख्य रूप से 'सुधारों का युग' था। महाराजा होने के बावजूद वे बदलते समय के प्रति सजग और संवेदनशील थे और उन्होंने धीरे-धीरे प्रशासन को लोकतान्त्रिक बनाने का प्रयास किया। उन्होंने अपने राज्याभिषेक सम्बोधन की शुरुआत यह घोषणा करते हुए की कि "मेरे लिए सभी समुदाय, धर्म और नस्लें समान हैं। एक शासक के रूप में मेरा कोई धर्म नहीं है और मेरा धर्म बस न्याय है।" यह घोषणा मात्र एक प्रतीकात्मक घोषणा नहीं थी, क्योंकि वे अपने बाईस वर्षों के शासन के दौरान इस धर्मनिरपेक्ष न्यायदृष्टि के पोषक और संरक्षक रहे।

उनके विचारों ने सार्वजनिक जीवन की लगभग हर शाखा में सुधार किया। उन्होंने 1926 ई. का कृषक राहत अधिनियम बनाया। अशक्त लोगों को सशक्त बनाने के उद्देश्य से यह अधिनियम बनाया गया था। ग्रामीण जनता को साहूकारों के शोषण से बचाने के लिए महाराजा ने सहकारी ऋण आन्दोलन भी शुरू किया। इसके अतिरिक्त राज्य को ब्रिटिश कॉलोनी बनने से रोकने के लिए 1927 ई. में राज्य विषय अधिनियम लागू किया था, जिससे राज्य में गैर-राज्य नागरिकों को रोज़गार से वंचित किया गया।

1928 ई. में शिशु विवाह रोकथाम नियमन नामक एक नया क़ानून बनाया। इसका महत्त्व इस तथ्य से लगाया जा सकता है कि जम्मू-कश्मीर राज्य इस तरह के कानून को पारित करने वाले सबसे पहले रियासतों में से एक था। यह ब्रिटिश भारत में 1929 ई. में शारदा अधिनियम पारित होने से भी पहले किया गया। तदनुसार, महाराजा ने कई नये स्कूल खोलने की पहल की और यहाँ तक कि मुस्लिम आबादी वाले इलाक़ों में मुस्लिम शिक्षकों की भी व्यवस्था की। इसके अलावा, महाराजा ने अनिवार्य प्राथमिक शिक्षा अधिनियम 1930 ई. पारित किया, जिससे राज्य के नगरपालिका क्षेत्रों में सभी विषयों के लिए प्राथमिक शिक्षा को मुफ्त और अनिवार्य कर दिया गया। महाराजा ने 1930 ई. में सिविल सेवा भर्ती बोर्ड का गठन भी किया।

1932 ई. में उन्होंने एक औपचारिक घोषणा की जिसमें उन्होंने हरिजनों को बिना किसी संकोच के मन्दिरों में प्रवेश करने की घोषणा की और पूजा करने की अनुमति दी। इसके अलावा, महाराजा ने अस्पृश्यता को अवैध और अपराध घोषित करते हुए 1940 ई. के हरिजन अस्पृश्यता अधिनियम को भी पारित किया। इन कामों ने उन्हें पूरे भारतीय उपमहाद्वीप में पहले ऐसे शासक होने का अभूतपूर्व श्रेय दिया, जिन्होंने दलित वर्गों की मुक्ति के लिए साहसिक कदम उठाये। साथ ही, एक प्रगतिशील शासक के रूप में महाराजा ने प्रेस की स्वतन्त्रता में विश्वास व्यक्त किया और श्रीनगर और जम्मू से पत्रों और पत्रिकाओं के प्रकाशन की सुविधा के लिए 1932 का प्रेस और प्रकाशन अधिनियम पारित किया। यह पहले प्रतिबन्धित था।

महाराजा हरि सिंह महिलाओं के अधिकारों के भी समर्थक थे। महिलाओं की स्थिति में सुधार के लिए उन्होंने कई कदम उठाये—दो महिला कल्याण संघों की स्थापना की। महिलाओं द्वारा सम्पत्ति के स्वामित्व को प्रोत्साहित किया और कन्या भ्रूणहत्या और दहेज जैसी सामाजिक बुराइयों को ख़त्म करने पर भी ध्यान केन्द्रित किया। कन्या भ्रूणहत्या की कुप्रथा को रोकने के लिए उन्होंने अपनी पहली पत्नी की याद में 'धनदेवी मेमोरियल फंड' नामक एक नियमित कोष की स्थापना की। इसके तहत एक लड़की के माता-पिता को उसकी शादी के समय एक एकड़ ज़मीन और वित्तीय मदद दी जाती थी। उन्होंने कन्या शिक्षा के लिए भी महत्वपूर्ण प्रयास किये। 1934 ई. में प्रजा सभा के रूप में संविधान सभा की स्थापना करने वाले वे पहले शासक भी थे। उन्होंने नागरिक सुरक्षा के लिए पुलिस और सस्ते और सुलभ ऋण के लिए बैंक की भी स्थापना की। इस प्रकार राज्य में महाराजा हरि सिंह के योगदान कई हैं।

लेकिन दूसरी सबसे बड़ी स्वतन्त्र रियासत के शासक के रूप में भारत के प्रति उनकी प्रतिबद्धता सर्वाधिक प्रेरणादायक है। महाराजा के सिंहासन पर बैठने के तुरन्त बाद बहुत कुछ बदल गया था और बहुत कुछ उन्नीसवीं शताब्दी की विश्व राजनीति के खेल में फँस गया था, जिसे 'ग्रेट गेम' के रूप में जाना जाता है। इसके अलावा, अंग्रेज़ों द्वारा उनके पूर्वजों के शासन के दौरान राज्य में पैठ बनाने के लिए लगातार हस्तक्षेप ने उनके मन में अंग्रेज़ों

के लिए एक नापसन्दगी पैदा कर दी थी। राज्याभिषेक के दिन से ही ब्रिटिश रेजिडेंट के साथ तनावपूर्ण सम्बन्धों के कारण परिस्थितियाँ बिगड़नी शुरू हो गयीं और 1930 ई. में लंदन में भारतीय संविधान में सुधारों पर पहले गोलमेज सम्मेलन के दौरान मुखर हो गयीं। वहाँ उन्होंने अंग्रेज़ों से भारतीय आकांक्षाओं का सम्मान करने का आग्रह किया। महाराजा हरि सिंह केवल ब्रिटिश विरोधी ही नहीं, बल्कि देश की स्वतन्त्रता के हिमायती भी थे। 1930 ई. में लंदन के गोलमेज सम्मेलन में अपने विचारों की खुली अभिव्यक्ति इसका उदाहरण है। महाराजा हरि सिंह ने अपने भाषण में भारत की स्वतन्त्रता का समर्थन किया और घोषणा की कि भारतीय राजाओं और राजकुमारों को अपनी मातृभूमि के लिए पूर्ण सहानुभूति है। भारत की स्वतन्त्रता के लिए युवा महाराजा अपने देशवासियों के साथ खुलकर खड़े हुए। हालाँकि, स्वतन्त्रता की माँग को यह मुखर समर्थन अंग्रेज़ों के लिए एक बड़े झटके के रूप में आया। उनके भाषण ने भविष्य में ब्रिटिश क्रोध, साज़िशों और षड्यन्त्रों को आमन्त्रित किया।

इसके बाद 'ग्रेट गेम' के रणनीतिक योजनाकारों ने अचानक राज्य में डोगरा शासन विरोधी आन्दोलन के साथ सहानुभूति व्यक्त की और महाराजा के ख़िलाफ़ शेख़ अब्दुल्ला के उदय को प्रोत्साहित किया। इसके अलावा, गिलगित एजेंसी, जिसे पहले 1877 ई. में लॉर्ड लिटन द्वारा खोला गया था और बाद में 1881 ई. में लॉर्ड रिपन द्वारा भंग कर दिया गया था, तुरन्त ध्यान में आयी और तद्नुसार गिलगित के पट्टे के लिए महाराजा पर दबाव डाला गया, जिसके लिए वे अनिच्छुक थे।

निरन्तर औपनिवेशिक आग्रह के कारण और ब्रिटिश राज की अवहेलना करने की स्थिति में नहीं होने के कारण, महाराजा ने 26 मार्च 1935 को गिलगित की सन्धि पर हस्ताक्षर किये, जिसके द्वारा गिलगित को साठ वर्षों की अवधि के लिए अंग्रेज़ों को पट्टे पर दिया गया था। दुर्भाग्य से राष्ट्रीय सुरक्षा के लिए अत्यन्त महत्त्वपूर्ण लड़ाई महाराजा हरि सिंह को अकेले अपने दम पर ही लड़नी पड़ी। यह लड़ाई पश्चिमोत्तर भारत के उस सीमान्त के लिए थी, जहाँ से भारत पर ज्यादातर आक्रमण होते रहे हैं। हालाँकि, यह स्पष्ट था कि उन्हें अपने राष्ट्रवादी व्यक्तित्व की भारी क़ीमत चुकानी पड़ी थी। यह एक ऐतिहासिक विडम्बना ही तो है।

महाराजा हरि सिंह और उनके पूर्वज शासक सही अर्थ में स्वतन्त्रता सेनानी थे और डोगरा शासकों द्वारा औपनिवेशिक शासन का घोर प्रतिरोध भी स्वतन्त्रता संग्राम का ही एक हिस्सा था।

स्पष्टतः 1949 ई. में महाराजा हरि सिंह को नेहरू-अब्दुल्ला की कुटिल नीतियों के कारण सिंहासन त्यागना पड़ा। इसके साथ ही डोगरा वंश के एक सौ एक साल के शासन का भी सायास समाप्त कर दिया गया। 26 अप्रैल, 1961 को महाराजा हरि सिंह ने मुम्बई में अन्तिम साँस ली। महाराजा हरि सिंह के लिए मुम्बई ही रंगून बन गया था, क्योंकि आज़ाद भारत के उस समय के सत्ताधिकारियों ने उन्हें राज्य से निष्कासित कर दिया था।

अध्याय-पाँच

जम्मू-कश्मीर का अंग्रेज़ों से संघर्ष

जम्मू-कश्मीर के लोग स्वदेशी आन्दोलन, जो 1905 ई. के बंगाल-विभाजन के बाद उत्पन्न भारतीय राष्ट्रीय आन्दोलन था, से भी आकर्षित व प्रभावित हुए थे। इसकी पृष्ठभूमि देखने से ज्ञात होता है कि उन्नीसवीं शताब्दी के अन्त में डोगरा शासक महाराजा प्रताप सिंह ने जम्मू-कश्मीर को भारत के अन्य भागों के साथ जोड़ने के लिए सड़क और रेलमार्ग का निर्माण कराया तथा डाक एवं टेलीफोन के सम्पर्क सूत्र भी विकसित किये। इससे समीपवर्ती राज्यों से सीधा सम्पर्क स्थापित हो गया और राज्य में नये विचारों तथा राजनीतिक चेतना की शुरुआत हुई। सरकार के इन क़दमों से ही नवगठित भारतीय राष्ट्रीय कांग्रेस की गतिविधियों की ख़बरें पंजाब (जो उत्तर भारत में कांग्रेस की गतिविधियों का केन्द्र था) से सटे राज्य में फैलने लगीं।

उन्नीसवीं शताब्दी के अन्त में जम्मू में कई संगठनों का निर्माण हुआ। इन संगठनों ने आधुनिक शिक्षा के माध्यम से अपने-अपने समुदायों की सामाजिक, आर्थिक स्थिति में सुधार के मुख्य एजेंडे के इर्द-गिर्द काम किया। इन माँगों को आर्य समाज, गुरुद्वारा सिंह सभा आदि संगठनों के कामकाज की तर्ज पर आयोजित किया गया था। महाजन सभा (1891 ई.), अमर क्षत्रिय राजपूत सभा (1892 ई.), अंजुमन-ए-इस्लामिया (1893 ई.), ब्राह्मण सभा (1895 ई.) जैसे सामुदायिकसंघ अपने-अपने सीमित क्षेत्रों में अपने समुदायों की सामाजिक-आर्थिक ज़रूरतों का प्रतिनिधित्व करने के लिए काम कर रहे थे। सन् 1904 ई. में दो अधिवक्ता लाला हंसराज महाजन और हज़रत शाह के नेतृत्व में इन संगठनों के कुलीन वर्गों ने डोगरा समिति में एकजुट होने का फ़ैसला किया। इसे 'डोगरा सदर सभा' कहा जाता था। जिसके कुछ प्रमुख उद्देश्य थे–

i) राज्य के लोगों को मज़बूत सामाजिक और सांस्कृतिक सम्बन्धों द्वारा एकजुट करना।

ii) राज्य के सामाजिक, सांस्कृतिक और आर्थिक विकास की दिशा में काम करना।

iii) लोगों में सामाजिक-राजनीतिक चेतना जगाना।

iv) आधुनिक शिक्षा के प्रसार के लिए राज्य सरकार पर दबाव बनाना।

v) स्थायी निवासियों की वास्तविक माँगों को स्वीकार करने के लिए सरकार को शान्तिपूर्वक राजी करना।

जैसे ही डोगरा सदर सभा का गठन हुआ। इस सभा ने अधिकारियों को समाचार-पत्रों के प्रसार की अनुमति हेतु राजी कर लिया तथा 'डोगरा गजट' की छपाई प्रारम्भ कर दी। जिसका गहरा प्रभाव पंजाब में फैले राष्ट्रवादी विचारकों पर भी पड़ा।

'डोगरा सदर सभा' ने भारतीय राष्ट्रीय कांग्रेस (जो देश में स्वतन्त्रता आन्दोलन का नेतृत्व कर रही थी) की नीति का पूर्णरूपेण पालन किया। इस संगठन ने हर ज़िले में उप-समितियों का गठन किया तथा कांग्रेस के वार्षिक सत्रों की तर्ज पर सार्वजनिक मुद्दों के सभी मामलों पर विचार-विमर्श करने के लिए वार्षिक सत्रों का आयोजन किया। ब्रिटिश भारत में होने वाली प्रमुख घटनाओं पर चर्चा के साथ-साथ लगातार बैठकें कीं। हालाँकि, सभी राजाओं को अपने-अपने राज्यों में राष्ट्रवादी आन्दोलन की गतिविधियों को रोकने का आदेश था। फिर भी डोगरा महाराजा प्रताप सिंह डोगरा सदर सभा के मुख्य संरक्षक बने। उन्होंने समय-समय पर अनुदान ज़ारी किया और राजा अमर सिंह के साथ मासिक सदस्यता शुल्क का भुगतान करते हुए जम्मू शहर के बीच में तीस कनाल भूमि प्रदान की। साथ ही, उन्होंने डोगरा हॉल के निर्माण के लिए आर्थिक सहायता भी प्रदान की।

डोगरा सदर सभा ब्रिटिश सरकार के ख़िलाफ़ कांग्रेस के आन्दोलन की कार्यप्रणाली से प्रभावित थी। उसके नेताओं ने उन सभी शिक्षित युवाओं की आकांक्षाओं का प्रतिनिधित्व किया जो राज्य प्रशासन के हर विभाग में ब्रिटिश कर्मियों और ग़ैर-राज्य नागरिकों की नियुक्तियों से असन्तुष्ट थे। स्वाभाविक

रूप से ब्रिटिश कार्यालयों और वस्तुओं का बहिष्कार करके स्वशासन करने की कांग्रेस की विचारधारा ने डोगरा नेताओं और युवाओं को आकर्षित किया। इसीलिए डोगरा सदर सभा ने सन् 1905 ई. में ब्रिटिश भारत में हुए 'स्वदेशी बहिष्कार आन्दोलन' में भागीदारी की। इस आन्दोलन के व्यापक प्रभाव ने पंजाब के साथ-साथ जम्मू-कश्मीर पर भी अपना स्पष्ट प्रभाव डाला। राजकीय संरक्षण को खोने का जोखिम उठाते हुए भी 'डोगरा सदर सभा' ने जम्मू-कश्मीर में खद्दर को बढ़ावा देकर आन्दोलन का समर्थन करना शुरू किया। कांग्रेस के कार्यक्रमों में अपना विश्वास दिख़ाने के लिए उसने विदेशी उत्पादों के बजाय स्वदेशी उत्पादों के उपयोग को प्रोत्साहित किया। उन्होंने राज्य की आर्थिक स्थिति में सुधार के लिए एक साधन के रूप में भी इसकी वकालत की।

तथ्य यह है कि जम्मू-कश्मीर में राष्ट्रवादियों ने अपनी गतिविधियों को भूमिगत रहते हुए अंजाम दिया था। उन्होंने अपनी गतिविधियों का केन्द्र शिक्षण संस्थानों व सेना की छावनियों को बनाया था। उनकी गतिविधियों में साहित्य का वितरण सम्मलित था, जिसमें स्वतन्त्रता आन्दोलन और आर्य समाज की विचारधारा जैसे विषयों पर पुस्तकें, समाचार-पत्र व अन्य सामग्री शामिल होती थी। ऐसा प्रतीत होता है कि राष्ट्रवादियों की रणनीति शुरू में ब्रिटिश विरोधी जागृति पैदा करने की थी, जिससे लोगों को संघर्ष के लिए तैयार किया जा सके। अंग्रेज़ों ने उस क्षेत्र में हिंसा फैलने की आशंका जतायी थी, लेकिन हमें उनकी इस आशंका को प्रमाणित करने के लिए कोई सबूत नहीं मिला। यह भी सम्भव है कि राष्ट्रवादियों के द्वारा राज्य में मजबूत नेटवर्क बनने से पहले ही अंग्रेज़ों को इसकी भनक लग गयी हो। हालाँकि, इस आन्दोलन ने कोई बड़ी उपलब्धि हासिल नहीं की, लेकिन राज्य के लोगों की भावनाएँ स्वतन्त्रता प्राप्ति के प्रति स्पष्ट थीं। इसी समय आर्य समाज ने कश्मीर में लाला गोविन्द की अध्यक्षता में श्री अरबिन्दो घोष के विचारों को आम लोगों तक पहुँचाया और इस संघर्ष में आर्य समाज के सचिव श्री हुक्मचन्द जी (जो सरकार के ए. जी. आफ़िस में कार्यरत थे) ने भरपूर साथ दिया था। मीरपुर और कोटली क्षेत्र में भी आर्य समाज ने जनजागरण में महत्त्वपूर्ण भूमिका निभाई।

अभिलेखागार में उपलब्ध अभिलेखों के अनुसार सन् 1907 ई. राज्य के राजनीतिक इतिहास में महत्त्वपूर्ण वर्ष था। ब्रिटिश भारत में राजनीतिक चेतना और ब्रिटिश विरोधी प्रदर्शन की गूँज जम्मू में सुनाई पड़ने लगी थी। इस ब्रिटिश विरोधी लहर का बड़ा संकेत लाहौर में पढ़ने वाले तीन युवकों– भीखम सिंह, मोहनलाल और जमना दास द्वारा छुट्टियों में अपने घर आने पर लाहौर से प्रकाशित 'पंजाबी' नामक पत्रिका के लिए सामूहिक रूप से चलाया गया सदस्यता अभियान था। इस पत्रिका की प्रकृति ब्रिटिश विरोधी थी। जम्मू के कुछ अन्य स्थानीय छात्रों ने भी इस अभियान में उनकी सहायता की थी। सी.आई.डी. रिपोर्ट में उनके नाम ताराचन्द, भगवान दास मेंगी और गुलशरण दास के रूप में दर्ज किये गये हैं। इनमें कॉलेज के एक शिक्षक सन्त सिंह का नाम भी शामिल था। वहीं, इसी कॉलेज के छात्र रुद्रमल को 'वन्दे मातरम्' के नारे लगाते हुए पकड़ा गया। इस प्रकार की गतिविधियों की रिपोर्ट जब महाराजा प्रताप सिंह के पास पहुँची तो उन्होंने दुखी मन से रेजिडेंट के प्रभाव में इन छात्रों को तत्काल राज्य से बाहर करने का आदेश दिया। निश्चित रूप से ये छात्र जम्मू-कश्मीर रियासत में स्वतन्त्रता आन्दोलन की शुरुआत के उल्लेखनीय नायक हैं। राज्य में ब्रिटिश अधिकारियों के लिए ज्यादा परेशान करनेवाली बात यह थी कि गुजराँवाला से प्रकाशित होनेवाले 'इंडिया' नामक समाचार-पत्र का जम्मू-कश्मीर में व्यापक प्रसार हो रहा था। वास्तव में, इन घटनाओं ने तत्कालीन ब्रिटिश रेजिडेंट यंगहसबैंड को विचलित कर दिया था। इस प्रकार एक से अधिक कारणों से वर्ष 1907 जम्मू-कश्मीर के राजनीतिक आन्दोलन के इतिहास में महत्त्वपूर्ण स्थान रखता है।

इसी बीच पंजाब में अंग्रेज़ अधिकारी राष्ट्रवाद की लहर को दबाने में व्यस्त थे जिसके फलस्वरूप स्वतन्त्रता आन्दोलन को समर्थन देनेवाले समाचार-पत्रों के प्रकाशन पर प्रतिबन्ध लगा दिया गया और प्रिंटिंग प्रेसों को ज़ब्त कर लिया गया। प्रिंटिंग प्रेस, 'द कौमी प्रेस', 'लाहौर', जिससे पंजाबी अख़बार छापा जाता था, को ज़ब्त कर लिया गया तथा उसके सम्पादक के दफ़्तर की तलाशी ली गयी। इसी दौरान 'इंकलाब' पत्र के एक सम्वाददाता विश्वनाथ केरनी (जोकि जम्मू के निवासी थे) के बारे में कहा गया कि वह 'अंग्रेज़ विरोधी साहित्य' के प्रसार व बिक्री में संलिप्त थे। तदनुसार विश्वनाथ

केरनी को गिरफ़्तार कर लिया गया और बाद में 1911 ई. में 1,000 रुपये की व्यक्तिगत जमानत देने के बाद राज्य में लौटने की अनुमति प्रदान की गयी।

जब 1915 ई. में महात्मा गांधी ने खादी पहनने की अपील की तो बुद्ध सिंह जम्मू-कश्मीर के उन व्यक्तियों में से थे जिन्होंने सर्वप्रथम अपनी सहमति दी। इसके बाद बुद्ध सिंह जी की क्रान्तिकारी गतिविधियाँ निरन्तर बढ़ती गयीं।

भारतीय राष्ट्रवादी आन्दोलन के साथ-साथ राजनीतिक गतिविधियों की शुरुआत ने डोगराओं के बीच राजनीतिक जागरूकता पैदा की। पंजाब में जलियाँवाला बाग हत्याकांड और मार्शल लॉ प्रशासन ने भी जम्मू के लोगों पर गहरा प्रभाव डाला। जम्मू के प्रिंस ऑफ़ वेल्स कॉलेज (आज यह महाविद्यालय जी.जी.एम. साइंस कॉलेज के नाम से जाना जाता है) के छात्रों ने अपनी कक्षाओं का बहिष्कार किया और ब्रिटिश अधिकारियों के ख़िलाफ़ नारे लगाते हुए जुलूस निकाला। वे सैकड़ों की संख्या में एकत्र हुए और गांधी जी की अध्यक्षता में हुई बैठक में भाग लेने के लिए सियालकोट की ओर चल पड़े। प्रत्येक प्रतिभागी ने गांधी टोपी पहन रखी थी। जब वे सियालकोट से लौटे तो उन पर गांधी जी के विचारों की स्पष्ट छाप दिखाई पड़ी। उल्लेखनीय है कि रॉलेट एक्ट के बाद देश में जो आन्दोलन शुरू हुआ उसमें प्रमुख भूमिका निभाने वाले डॉ. सत्यपाल के साथ-साथ बारामुला निवासी डॉ. सैफुद्दीन किचलू भी थे। उन्हें 10 अप्रैल, 1919 को अमृतसर में बन्दी बनाये जाने के बाद पूरे भारत में गुस्से की लहर फैल गयी थी।

जम्मू के प्रिंस ऑफ़ वेल्स कॉलेज के छात्रों को लाला लाजपत राय द्वारा एक नोटिस मिला कि पंजाब विश्वविद्यालय, लाहौर से सम्बद्ध कॉलेजों के छात्रों को 31 मार्च, 1921 ई. को गुजराँवाला में एक बैठक में भाग लेना चाहिए। इसमें सख़्त चेतावनी के बावजूद भी कॉलेज से 262 छात्रों ने भाग लिया। बाद में इस छात्र आन्दोलन को आम जनता का भी समर्थन मिला, जिसने जम्मू में जन आन्दोलन का रूप धारण कर लिया। डोगरा सदर सभा ने स्वतन्त्रता आन्दोलन में सक्रिय रूप से भागीदारी की। लाला हंसराज महाजन, असदुल्ला शाह, पण्डित रूप किशन और कृष्ण लाल जैसे नेताओं ने आन्दोलन का नेतृत्व किया। इस सभा ने भारतीय राष्ट्रीय कांग्रेस द्वारा गठित 'तिलक

स्वराज कोष' के लिए भी चन्दा एकत्रित किया। डोगरा सदर सभा की सक्रिय भागीदारी ने ब्रिटिश अधिकारियों को उस पर हस्तक्षेप और नियन्त्रण के लिए मजबूर कर दिया। जिससे उन्होंने महाराजा को आन्दोलन के प्रसार को रोकने का दबाव बनाया। हालाँकि, राज्य के अधिकारियों ने केवल सदस्यों को कांग्रेस आन्दोलन से सम्बद्ध न रहने की चेतावनी जारी की। इसके बाद कुछ सदस्य गुप्त रूप से लाहौर में कांग्रेस की बैठकों में शामिल हुए और राष्ट्रवादी आन्दोलन को नैतिक समर्थन दिया। इस गतिविधि की निगरानी ब्रिटिश सरकार के विदेशी और राजनीतिक विभाग द्वारा की जाती थी। डोगरा सदर सभा की स्वतन्त्रता आन्दोलन में सक्रियता के कारण राज्य सरकार को ब्रिटिश सरकार की नाराज़गी भी सहनी पड़ती थी। अंग्रेज़ अधिकारी किसी भी ब्रिटिश विरोधी कार्यक्रम के प्रचार-प्रसार की अनुमति नहीं देते थे।

अंग्रेज़ी सरकार ने 'राज्य सेवक का आचरण नियम' लागू किया। जिसके तहत राज्य कर्मचारियों को किसी भी राजनीतिक गतिविधि में शामिल होने से मना किया गया था। हालाँकि, महाराजा अभी भी डोगरा सदर सभा पर प्रतिबन्ध लगाने से बचने में कामयाब रहे। सभा ने स्वदेशी उत्पादों के प्रयोग की वकालत करके रचनात्मक कार्यक्रमों को भी अपने हाथ में ले लिया। सभा के सभी सदस्यों ने केवल स्वदेशी निर्मित खद्दर के कपड़े पहनने शुरू कर दिये और जीवन भर खद्दर का उपयोग करने की शपथ भी ली। इसके अलावा जम्मू में डोगरा सदर सभा ने खद्दर के कपड़े बनाने और रँगने के लिए दो कारख़ानों की स्थापना की। बाद में इस सभा ने गांधी जी के सिद्धान्तों का पालन करते हुए जनता को कपड़ा कटाई और चरखा चलाने के लिए प्रेरित किया और आर्थिक रूप से स्वावलम्बी बनाने के लिए चरखा की आवश्यकता पर ज़ोर दिया। खादी के कपड़ों को लोकप्रिय बनाने और स्थानीय कारीगरों द्वारा निर्मित उत्पादों के लिए बाज़ार उपलब्ध कराने के लिए राज्य सरकार से एक खादी भण्डार खोलने का भी अनुरोध किया (सभा द्वारा कई और रचनात्मक कार्यक्रमों का भी अनुरोध किया गया)। ये सभी माँगें कांग्रेस की तर्ज पर की गयी थीं।

राज्य के आर्थिक लाभ के लिए स्वदेशी के महत्त्व को महसूस करने के लिए समिति बनायी गयी थी। लोगों को याचिकाओं और विभिन्न प्लेटफार्मों

का उपयोग करने के लिए जागरूक किया गया और राजनीतिक प्रशिक्षण भी प्रदान किया गया। सभा ने प्रेस के माध्यम से भी अप्रत्यक्ष रूप से जनता को प्रशिक्षित करना शुरू कर दिया। जिसमें 'डोगरा गजट' नामक मासिक पत्रिका को व्यापक सफलता मिली। डोगरा राजपत्र के माध्यम से सभा ने अपने कार्यक्रमों और गतिविधियों को बढ़ावा दिया। हालाँकि, डोगरा राजपत्र का प्रकाशन रोक दिया गया था क्योंकि भारत सरकार के प्रेस प्रकाशन अधिनियम-1914 का विस्तार जम्मू-कश्मीर तक हो चुका था। इसीलिए प्रथम विश्व युद्ध छिड़ने पर भारत सरकार के निर्देशों के तहत राजद्रोही साहित्य के प्रसार को रोकने के लिए अधिनियम लागू किया गया। डोगरा सदर सभा द्वारा राज्य की प्रेस विरोधी नीति के ख़िलाफ़ आन्दोलन भी किया गया।

लाला मुल्कराज सर्राफ़ ने राज्य सरकार की अनुमति से उर्दू में एक साप्ताहिक समाचार पत्र शुरू किया। इस अख़बार का नाम 'रणबीर' था, जिसका प्रकाशन 24 जून, 1924 ई. को जम्मू से प्रारम्भ हुआ। यह वह दौर था जब देश के बड़े क्रान्तिकारी नेता जम्मू-कश्मीर में अक्सर प्रवास करने लगे थे।

चन्द्रशेखर आज़ाद, भगवती चरण, भगतसिंह और उनके साथियों की वीरता, साहस और बलिदान की गाथा प्रसिद्ध है। हालाँकि, बहुत से लोग नहीं जानते कि भगतसिंह और उनके सहयोगियों ने जम्मू को भी अपना एक केन्द्र बनाया था। क्रान्तिकारी गतिविधियों को अंजाम देने के लिए वर्ष 1926 ई. में जम्मू के वेद मन्दिर में बाकायदा एक केन्द्र स्थापित किया गया था। जम्मू के प्रसिद्ध वकील रहे स्वर्गीय इन्द्रजीत गुप्ता अपनी किशोरावस्था में युवा छात्र के रूप में लाहौर में इन क्रान्तिकारियों के सम्पर्क में आये थे। भगतसिंह ने उन्हें जम्मू में एक केन्द्र की स्थापना का कार्य सौंपा था, जहाँ युवाओं को क्रान्ति के लिए प्रशिक्षित किया जा सके और गोला-बारूद का भण्डारण भी किया जा सके।

योजना के तहत यशपाल को भी जम्मू में भेजा गया था ताकि यहाँ के ज़्यादा से ज़्यादा युवाओं को आन्दोलन से जोड़ा जा सके। यशपाल ने भगतसिंह और अन्य साथियों की बनाई हुई योजना के तहत 'वेद मन्दिर' में चम्पा दास जी की कुटिया में अपनी गतिविधियों का केन्द्र खड़ा किया तथा माँडा के जंगलों में युवाओं को हथियार चलाने का प्रशिक्षण दिया।

दाण्डी मार्च और जम्मू-कश्मीर में इसका प्रभाव

12 मार्च, 1930 को दांडी मार्च शुरू होने के बाद गांधी जी की गिरफ़्तारी के परिणामस्वरूप इसका प्रभाव श्रीनगर व जम्मू दोनों जगहों पर महसूस किया गया। गांधी जी की गिरफ़्तारी की ख़बर के बाद 6 मई, 1930 को श्रीनगर में हड़ताल रखी गयी। अगले दिन 7 मई को स्थानीय लोगों के समर्थन से श्री प्रताप कॉलेज में छात्रों ने एक सामूहिक बैठक की। इस प्रकार जम्मू में भी जुलूस व विरोध जैसी क्रान्तिकारी गतिविधियाँ आयोजित की गयीं, हड़ताल भी की गयी। जम्मू के मुख्य बाज़ार से होकर लगभग 400 लोगों का जुलूस निकाला गया। महिलाओं की एक टोली भी छात्रों के साथ सम्मिलित हुई। ग़ौरतलब है कि इस जुलूस में एक गधे को विदेशी कपड़ों से लाद कर 'वेकफील्ड' (ब्रिटिश मिनिस्टर) हाय-हाय के नारे लगाते हुए शहर के पुलिस थाने से होते हुए परेड ग्राउंड तक ले जाया गया। जब पुलिस ने हस्तक्षेप करना चाहा तो उग्र विरोध किया गया। अन्त में कई लोगों ने राष्ट्रीयता से ओत-प्रोत भाषण दिये और विदेशी कपड़ों की होली जलाई। जैसा कि अपेक्षित था, राज्य सरकार ने 1 मई, 1930 को डोगरा सदर सभा को भंग कर दिया। 1921 ई. में जब यह घोषणा हुई कि कांग्रेस का अगला अधिवेशन लाहौर में होगा तो डोगरा सदर सभा के सचिव लाला हंसराज महाजन ने 13 नवम्बर, 1929 को लाहौर कांग्रेस कमेटी को एक पत्र लिखा। इस पत्र में उन्होंने कहा कि डोगरा सदर सभा और राष्ट्रीय कांग्रेस के लक्ष्य समान हैं। इसलिए डोगरा सदर सभा के चार प्रतिनिधियों को कांग्रेस सत्र में भाग लेने के लिए आमन्त्रित किया जाना चाहिए। कांग्रेसी नेताओं ने अपने उत्तर में स्पष्ट रूप से कहा कि कांग्रेस ने अभी तक अपनी गतिविधियों को भारतीय रियासतों में विस्तारित करने का निर्णय नहीं लिया है। इसलिए इस बात का खेद है कि सभा के प्रतिनिधियों को आमन्त्रित नहीं किया जा सकता। अंग्रेज़ों के दबाव में महाराजा हरि सिंह ने डोगरा सदर सभा को भंग करने का आदेश जारी कर दिया। इसके अतिरिक्त स्थानीय समाचार-पत्र 'रणबीर' पर प्रतिबन्ध लगा दिया गया और जम्मू के प्रिंस ऑफ़ वेल्स कॉलेज की असंतोषजनक स्थितियों की जाँच के लिए एक आयोग बनाया गया। 'रणवीर' समाचार-पत्र के प्रतिबन्ध का कारण दिनांक 7 मई, 1930 को उसके द्वारा लाया गया एक विशेष अंक (जिसमें महात्मा

गांधी की गिरफ़्तारी पर जम्मू में ब्रिटिश विरोधी प्रदर्शनों का विस्तृत विवरण दिया गया) था। रणबीर समाचार-पत्र ने न केवल जम्मू में भारतीय राष्ट्रीय कांग्रेस की गतिविधियों का व्यापक प्रकाशन किया, बल्कि मई, 1930 ई. में महात्मा गांधी की गिरफ़्तारी पर एक सार्वजनिक हड़ताल का व्यापक स्तर पर समर्थन भी किया। अख़बार की बढ़ती लोकप्रियता से डरकर ब्रिटिश एजेंट जी.ई.सी. वेकफ़ील्ड ने नये महाराजा पर तत्काल प्रभाव से अख़बारी काग़ज़ पर प्रतिबन्ध लगाने का दबाव डाला। महाराजा हरि सिंह ने राज्य में आगे ब्रिटिश हस्तक्षेप से बचने के लिए 9 मई, 1930 को ब्रिटिश सरकार के साथ सन्धि दायित्वों का हवाला देते हुए इस अख़बार पर प्रतिबन्ध लगा दिया। हालाँकि, पाँच महीने के बाद 5 अक्टूबर, 1931 को प्रतिबन्ध हटा लिया गया और 13 नवम्बर, 1931 से 'रणबीर' का पुनः प्रकाशन शुरू किया गया। जब ब्रिटिश भारत में 'सविनय अवज्ञा आन्दोलन' शुरू हुआ तो जम्मू के लोगों ने पूर्ण रूप से भागीदारी की। छात्रों और महिलाओं की भागीदारी से आन्दोलन को और भी मज़बूती मिली। उन्होंने 'वन्दे मातरम्', 'महात्मा गांधी की जय' जैसे राष्ट्रीय नारे लगाते हुए सड़कों पर जुलूस निकाले। इसके बाद नेताओं और जनता की राजनीतिक ऊर्जा संवैधानिक सुधारों और विकास की ओर निर्देशित हुई।

इसी दौरान सोमदत्त, केदारनाथ और विश्वनाथ केरनी जैसे स्वतन्त्रता सेनानियों ने जम्मू-कश्मीर के लोगों, विशेषकर युवाओं में राष्ट्रवाद का संचार किया। 1930 का वर्ष नागरिक स्वतन्त्रता के दमन की दृष्टि से महत्त्वपूर्ण है, क्योंकि जम्मू-कश्मीर के पहले बड़े पत्रकार श्री विश्वनाथ केरनी को श्रीनगर के हरि पर्वत क़िले स्थित जेल में बिना मुक़दमे के डाल दिया गया। इसी प्रकार वरिष्ठ नेता सरदार बुद्ध सिंह को जम्मू के बाहु क़िले की जेल में बिना मुक़दमे के रखा गया। 1 अक्टूबर, 1930 को विदेश और राजनीतिक मामलों के मन्त्री जी.ई.सी. वेकफ़ील्ड के कहने पर मन्त्रिपरिषद् ने बिना मुक़दमे के पण्डित विश्वनाथ केरनी को कैद करने का फैसला लिया था। उस समय महाराज हरि सिंह लंदन में थे। अतः तार द्वारा उनकी मंजूरी माँगी व प्राप्त की गयी। इस प्रकार पण्डित विश्वनाथ केरनी श्रीनगर के हरि पर्वत जेल के पहले डोगरा राजनीतिक क़ैदी बने ।

1930 ई. के बाद की घटनाओं ने निश्चित रूप से अपनी व्यापक छाप छोड़ी। भारत के स्वतन्त्रता संग्राम के लिए सहानुभूति व समर्थन जम्मू-कश्मीर में ठीक वैसा ही था, जैसा कि शेष भारत में था।

भारतीय राष्ट्रीय कांग्रेस ने भारत के विभिन्न क्षेत्रों में मन्त्रालयों का गठन किया। जम्मू-कश्मीर का नेतृत्व सन् 1934 ई. में महाराजा हरि सिंह द्वारा स्थापित विधायी निकाय प्रजा सभा ने किया। उन्होंने सन् 1932 ई. में प्रेस के नियमों में भी ढील दी जिसके बाद समाचार-पत्रों की एक श्रृंखला प्रकाशित होने लगी। सन् 1942 ई. तक लगभग पचास समाचार-पत्र एवं पत्रिकाएँ प्रचलन में थीं, जिनसे सामाजिक-राजनीतिक जागरूकता में काफी वृद्धि हुई। 1940 में जम्मू-कश्मीर में राष्ट्रीय स्वयंसेवक संघ की गतिविधियाँ भी आरम्भ हो गयी थीं। यह संगठन समाज के जागरण तथा राष्ट्रीय विचारों के प्रचार-प्रसार में योगदान दे रहा था।

राष्ट्रवादी आन्दोलन में जम्मू के लोगों की भागीदारी हर समय महत्त्वपूर्ण रही है। जम्मू एवं कश्मीर की भू-रणनीति के साथ ब्रिटिश सरकार का जुड़ाव राष्ट्रमण्डल सम्बन्धी कार्यालय और राज्य सचिव के कार्यालय जैसे विभिन्न विभागों के आधिकारिक पत्राचार में स्पष्ट हो जाता है। जम्मू एवं कश्मीर के नये महाराजा के इस राष्ट्र प्रेम के जुनून ने ब्रिटिश अधिकारियों को राजा और प्रजा के बीच फूट डालने के लिए विवश किया। उन्होंने इसके लिए कई योजनाएँ बनायीं, जिनको कश्मीर की घाटी में अनुकूल माहौल मिला। वहाँ धार्मिक संस्थानों की आड़ में षड्यन्त्र रचे जाने लगे। प्रारम्भिक राजनीतीकरण में कश्मीरी नेतृत्व ने धर्म को एक महत्त्वपूर्ण उपकरण के रूप में इस्तेमाल किया। यहाँ के नेताओं ने डोगरा शासन के ख़िलाफ़ बात की और अपनी विचारधारा को भारतीय राष्ट्रीय कांग्रेस के साथ जोड़ दिया। यह प्रगतिशील डोगरा महाराजा के ख़िलाफ़ एक षड्यन्त्र था। यहाँ के राजनेता कांग्रेस के राष्ट्रवादी कार्यक्रमों के समानांतर चल रहे जम्मू-कश्मीर के जन आन्दोलन को सँजोने व पोषित करने में विफल रहे क्योंकि उनकी नज़र महाराजा हरि सिंह को अपनी धरती, अपनी मातृभूमि छोड़ने के लिए मजबूर करने पर थी।

यहाँ पर उल्लेखनीय यह भी है कि महाराजा हरि सिंह ने द्वितीय विश्वयुद्ध में लड़ने के लिए अपनी सेना को भेजा था। अंग्रेज़ों के हारने के बाद

उन सैनिकों को बन्दी बना लिया गया था। नेताजी सुभाषचन्द्र बोस ने जब आज़ाद हिन्द फ़ौज की स्थापना की तो भारत की आज़ादी हेतु जम्मू-कश्मीर के अनेक सैनिक उनके अभियान से जुड़ गये। ग़ौरतलब बात यह है कि ऐसे कई सैनिक जिनका सम्बन्ध डोगरा बटालियन (जैसे छः वीं) से था, उन्हें द्वितीय विश्वयुद्ध में ब्रिटेन की तरफ़ से लड़ते हुए जापान व अन्य देशों में युद्ध बन्दी बना लिया गया था। ऐसे ही कुछ सैनिकों को 15 अप्रैल, 1946 को जापान ने रिहा किया गया था। इसी प्रकार इनके अन्य साथी सैनिकों को भी अपनी रिहाई के बाद नेताजी सुभाषचन्द्र बोस के सम्पर्क में आने व उनके ओजस्वी भाषण सुनने का अवसर प्राप्त हुआ। नेताजी से प्रभावित होकर अनेक सैनिक आज़ाद हिन्द फ़ौज में भर्ती हो गये। इनमें प्रमुखतः मीरपुर से श्री बलदेव सिंह, सरदार करतार सिंह, सरदार इन्द्र देव सिंह, छम्ब से श्री धन्ना सिंह, सरदार संसार सिंह, कठुआ से मुंशी राम खजुरिया, जंगलोट से मिल्खी राम सलारिया, राया सुचानी के नानक चन्द, जगती के बली राम, रामबन के गाँव मैरा के भागमल आदि असंख्य सैनिकों ने भारतवर्ष की आज़ादी की अलख जगाई। इनमें से कई सैनिकों जैसे कि श्री अंग्रेज़ सिंह, श्री बलवन्त सिंह, श्री मुंशी राम, श्री भूरी सिंह, श्री सीता राम, श्री संसार सिंह, श्री जयमल सिंह, श्री परमा सिंह, श्री गिरधारी लाल आदि को जम्मू-कश्मीर वापस आने पर पेंशन भी प्रदान की गयी।

विशेष ध्यान देने योग्य बात यह भी है कि गोवा मुक्ति आन्दोलन में जम्मू-कश्मीर के कई स्वतन्त्रता सेनानियों ने भाग लिया। इन वीर स्वतन्त्रता सेनानियों ने गोवा को पुर्तगाली शासन से मुक्त कराया। इन स्वतन्त्रता सेनानियों के सहयोग और साहस से 19 दिसम्बर, 1961 को गोवा को मुक्ति मिली। इससे पूर्व वर्ष 1954 में जम्मू-कश्मीर से भी स्वतन्त्रता सेनानियों ने पैदल गोवा की ओर मार्च किया। चन्दर सुता डोगरा (कश्मीर टाइम्स 22 सितम्बर, 1991) के अनुसार गोवा विमोचक सहायक समिति के आह्वान पर जम्मू-कश्मीर से पण्डित आत्माराम शर्मा समेत 20 युवक 1954 ई. में गोवा को मुक्त कराने के लिए निकल पड़े थे। नंगे पाँव ये नवयुवक महाराष्ट्र प्रान्त में पुणे के रास्ते से होते हुए बेलगाँव पहुँचे और वहाँ से सावन्तबाड़ी से गुज़रकर गोवा पहुँचे थे। वहाँ जम्मू-कश्मीर से पहुँचे सभी शुभचिन्तकों का स्थानीय

पण्डित आत्माराम शर्मा

श्री सुरजीत कुमार गुप्ता

लोगों ने भरपूर स्वागत किया किन्तु भेदियों द्वारा पुर्तगालियों को सूचना देने के कारण इन सभी को बन्दी बना लिया गया। आत्माराम जी समेत सभी क्रान्तिकारियों को अत्यन्त अमानवीय प्रताड़नाओं का सामना करना पड़ा। 1965 ई. के भारत-पाक युद्ध में पण्डित आत्माराम ने अपनी सोने की अँगूठी और उनकी पत्नी चंचला जी ने अपनी सोने की चूड़ियाँ बेचकर अपने देश व सैनिकों की मदद की थी।

भारतीय राष्ट्रवादी आन्दोलन में जम्मू की भूमिका की अभिलेखीय जानकारी को जानबूझकर छिपाने की कोशिश दिखाई पड़ती है। प्रारम्भ से ही डोगरा शासन विरोधी 'कश्मीर छोड़ो आन्दोलन' का ही विवरण मिलता है। महाराजा के ख़िलाफ़ हुए 'कश्मीर छोड़ो आन्दोलन' ने जम्मू में चल रहे स्वतन्त्रता आन्दोलन को ओझल रखा। इन दोनों आन्दोलनों का उद्देश्य अलग-अलग था, परन्तु 'कश्मीर छोड़ो आन्दोलन' ने जम्मू के राष्ट्रवादी स्वतन्त्रता आन्दोलन को हाशिये पर धकेल दिया। इसमें अंग्रेज़ और वामपन्थी इतिहासकारों की सुनियोजित भूमिका रही है। 'कश्मीर छोड़ो आन्दोलन' शेख़ अब्दुल्ला की राजनीतिक महत्त्वाकांक्षा का प्रतिफल था, जबकि जम्मू का आन्दोलन भारतीय राष्ट्रीय आकांक्षाओं की अभिव्यक्ति था। यही कारण था कि जम्मू के आन्दोलन ने भारत के संघीय ढाँचे में राज्य के विलय महाराजा हरि सिंह के सचेत निर्णय का समर्थन किया। स्वतन्त्रता आन्दोलन में सम्पूर्ण भारत के नागरिकों ने भाग लिया। चाहे वे किसी भी जाति, धर्म, क्षेत्र या भाषा को बोलने वाले थे। समाज के सभी वर्गों जैसे संन्यासियों, पिछड़ों, जनजातियों, महिलाओं सभी ने अपनी क्षमता के अनुसार योगदान दिया। जम्मू-कश्मीर भी इसका अपवाद नहीं था।

अध्याय-छः

महाराजा हरि सिंह और जम्मू-कश्मीर का अधिमिलन

महाराजा हरि सिंह

जब द्वितीय विश्व युद्ध समाप्त हुआ तो भारत में स्व-शासन आन्दोलन तेजी से प्रगति कर रहा था। 22 मार्च, 1947 को लॉर्ड लुईस माउण्टबेटन को भारत का गवर्नर जनरल नियुक्त किया गया। तदनुसार 3 जून, 1947 को माउण्टबेटन योजना द्वारा, दिल्ली में ब्रिटिश भारत के विभाजन की घोषणा की गयी। जैसा कि अपेक्षित था, जम्मू-कश्मीर एक बार फिर ब्रिटिश साम्राज्यवाद का पहला शिकार बना। माउण्टबेटन योजना के अनुसार सभी 562 रियासतें अपना भविष्य स्वयं तय करने के लिए स्वतन्त्र थीं। वे भारत अथवा पाकिस्तान में से किसी को भी स्वीकार कर सकती थीं। अन्ततः 18 जुलाई, 1947 को ब्रिटेन की संसद ने विभाजन के साथ भारतीय स्वतन्त्रता अधिनियम पारित कर दिया।

अधिनियम की धारा 1(1) के अनुसार, 'अगस्त के पंद्रहवें दिन, उन्नीस सौ सैंतालीस से भारत में दो स्वतन्त्र डोमिनियन्स की स्थापना की जाएंगी, जिन्हें क्रमशः भारत और पाकिस्तान के रूप में जाना जाएगा। परिणामस्वरूप, अधिनियम ने भारतीय रियासतों के ऊपर ब्रिटिश राज का आधिपत्य समाप्त कर दिया। 25 जुलाई, 1947 को भारत के गवर्नर-जनरल एवं वायसराय लुईस माउण्टबेटन ने राजाओं को अन्तिम बार आमंत्रित किया।

उन्होंने सलाह दी कि वे अपना मत बना लें और व्यक्तिगत तौर पर भारत अथवा पाकिस्तान में से एक को चुन लें।

1947 ई. के भारतीय स्वतन्त्रता अधिनियम के पारित होने और पाकिस्तान के निर्माण के बाद इतिहास का एक नया अध्याय प्रारम्भ हुआ। भारत की सीमाँत सुरक्षा की ये लड़ाई महाराजा हरि सिंह को कई मोर्चों पर अकेले ही लड़नी पड़ रही थी। शायद महाराज हरि सिंह का कसूर केवल इतना था कि 1931 ई. में ही उन्होंने लंदन में हुए गोलमेज सम्मेलन में ब्रिटेन सरकार को यह कह दिया था कि "हम सब भारतीय हैं और भारतीय होने के नाते अपनी जन्मभूमि भारत, जिसने हमें जन्म दिया है और पाला-पोसा है, उसके सम्मान के लिए शेष भारतीयों के साथ हैं!" उस समय वे अपनी रियासत के महाराजा होने के साथ-साथ एक आम गौरवशाली हिन्दुस्तानी के दिल की आवाज़ की अभिव्यक्ति भी कर रहे थे। महाराजा हरि सिंह ने तो उसी वक्त बता दिया था कि भारत की सीमाएँ जम्मू-कश्मीर तक फैली हुई हैं।

महाराजा हरि सिंह एक साथ तीन मोर्चों पर अकेले लड़ रहे थे। पहला मोर्चा, भारत के गवर्नर जनरल और ब्रिटिश सरकार का था, जो उन पर हर प्रकार से दबाव बना रहे थे कि वे पाकिस्तान में शामिल हो जायें। दूसरा मोर्चा, मुस्लिम कॉन्फ्रेंस और पाकिस्तान सरकार का था, जो रियासत को पाकिस्तान में शामिल करने के लिये महाराजा को बार-बार धमका रहे थे। तीसरा मोर्चा, जवाहर लाल नेहरू और उनके दोस्तों का था, जो रियासत के भारत में अधिमिलन को तब तक रोके हुए थे, जब तक कि महाराजा शेख़ अब्दुल्ला के पक्ष में सिंहासन नहीं छोड़ देते। पाकिस्तान में विलय का विरोध महाराजा हरि सिंह की भारत भक्ति का सबसे बड़ा प्रमाण था।

महाराजा हरि सिंह राज्य को देश की नयी संघीय व्यवस्था का भाग बनाना चाहते थे। उनकी यह मंशा स्पष्ट थी। महाराजा हरि सिंह का मानना था कि पाकिस्तान के साथ अधिमिलन उनके राज्य और भारत दोनों के हित में नहीं होगा। निष्पक्ष रूप से महाराजा के सन्दर्भ में यह कहना ही होगा कि उस वक्त जैसी स्थिति थी, उनके लिए एक निर्णय ले पाना आसान नहीं था। पाकिस्तान ने अपने गुप्त उद्देश्यों के साथ 12 अगस्त, 1947 को यथास्थिति समझौते को स्वीकार किया, लेकिन नेहरू की सरकार ने महाराजा के प्रस्ताव

पर विचार करने के लिए समय माँगा और कहा कि प्रस्ताव पर तभी विचार किया जायेगा जब महाराजा स्वयं अथवा अन्य कोई अधिकृत मन्त्री दिल्ली आते हैं। लेकिन दिल्ली को महाराजा के आने का इनतजार करने की ज़रूरत नहीं पड़ी, क्योंकि पाकिस्तान ने जम्मू-कश्मीर को बलपूर्वक हथियाने के लिए हथियारबन्द सैनिकों के रूप में 22 अक्टूबर, 1947 को रियासत पर हमला कर दिया। इसका नेतृत्व पाकिस्तानी सेना और मुस्लिम लीग के कुछ लोग कर रहे थे। दुर्भाग्य से पाकिस्तान यह समझ गया था कि महाराजा विलय के लिए तैयार नहीं थे, लेकिन तत्कालीन भारत सरकार को यह बात समझ में नहीं आयी।

भारत जब स्वतन्त्र हुआ तब देश में छोटी-बड़ी 562 रियासतें थीं। जम्मू-कश्मीर भी उन 562 में से एक रियासत थी और महाराजा हरि सिंह उसके शासक थे। इन सभी रियासतों को भारत में विलय कराने का श्रेय प्रथम गृहमन्त्री लौह पुरुष सरदार वल्लभ भाई पटेल को जाता है। उन्होंने जूनागढ़, हैदराबाद, भोपाल जैसी हठधर्मी रियासतों को भी भारत में विलय कराया था।

अब्दुल्ला के हाथ में राज्य की कमान सौंपने की योजना प्रधानमन्त्री नेहरू की ही थी। महाराजा हरि सिंह को नेहरू की इस मंशा का पता चल गया था। इसलिए वे नेहरू के रहते भारत के साथ विलय को लेकर सशंकित थे। इधर, पाकिस्तान सरकार जिन्ना के नेतृत्व में महाराजा पर दबाव बना रही थी, ताकि वे उनके राज्य को पाकिस्तान के साथ मिला दें। पर महाराजा उसके लिए भी तैयार नहीं थे। पाकिस्तानी आक्रमण के बाद महाराजा ख़ुद को बड़ी मुश्किल में फँसा हुआ पा रहे थे। ऐसे नाज़ुक दौर में महाराजा की सहायता के लिए राष्ट्रीय स्वयंसेवक संघ सामने आया।

राज्य की स्थिति बेहद नाज़ुक हो चुकी थी। ऐसी स्थिति में गृहमन्त्री सरदार पटेल ने राज्य के प्रधानमन्त्री मेहरचन्द महाजन के माध्यम से राष्ट्रीय स्वयंसेवक संघ के तत्कालीन सर संघचालक माधव राव सदाशिव राव गोलवलकर (जिनको श्री गुरुजी भी कहा जाता था) को सन्देश भेजा कि वे महाराजा को भारत में विलय के लिए मनाने का प्रयास करें। श्री गुरुजी ने, बिना किसी विलम्ब के सरदार का प्रस्ताव स्वीकार किया और परिणामस्वरूप महाराजा हरि सिंह से मिलने के लिए 17 अक्टूबर, 1947 को श्रीनगर गये और महाराज को यह समझाने का सफल प्रयास किया कि

INSTRUMENT OF ACCESSION OF JAMMU AND KASHMIR STATE

WHEREAS the Indian Independence Act, 1947, provides that as from the fifteenth day of August, 1947, there shall be set up an independent Dominion known as INDIA, and that the Government of India Act, 1935, shall, with such omissions, additions, adaptations and modification as the Governor-General may by order specify be applicable to the Dominion of India;

AND WHEREAS the Government of India Act, 1935, as so adapted by the Governor-General provides that an Indian State may accede to the Dominion of India by an Instrument of Accession executed by the Ruler thereof:

NOW THEREFORE

I Shriman Inder Mahinder Rajrajeshwar Maharajadhiraj Shri Hari Singhji Jammu Kashmir Naresh Tatha Tibbet adi Deshadhipati Ruler of JAMMU AND KASHMIR STATE in the exercise of my sovereignty in and over my said State Do hereby execute this my Instrument of Accession and

1. I hereby declare that I accede to the Dominion of India with the intent that the Governor-General of India, the Dominion Legislature, the Federal Court and any other Dominion authority established for the purposes of the Dominion shall, by virtue of this my Instrument of Accession, but subject always to the terms thereof, and for the purposes only of the Dominion, exercise in relation to the State of JAMMU AND KASHMIR (hereinafter referred to as "this State") such functions as may be vested in them by or under the Government of India Act, 1935, as in force in the Dominion of India on the 15th day of August 1947 (which Act as so in force is hereinafter referred to as "the Act").

2. I hereby assume the obligation of ensuring that due effect is given to the provisions of the Act within this State so far as they are applicable therein by virtue of this my Instrument of Accession.

3. I accept the matters specified in the Schedule hereto as the matters with respect to which the Dominion Legislature may make laws for this State.

4. I hereby declare that I accede to the Dominion of India on the assurance that if an agreement is made between the Governor-General and the Ruler of this State whereby any functions in relation to the administration in this State of any law of the Dominion Legislature shall be exercised by the Ruler of this State, then any such agreement shall be deemed to form part of this Instrument and shall be construed and have effect accordingly.

5. The terms of this my Instrument of Accession shall not be varied by any amendment of the Act or of the Indian Independence Act, 1947 unless such amendment is accepted by me by an Instrument supplementary to this Instrument.

6. Nothing in this Instrument shall empower the Dominion Legislature to make any law for this State authorising the compulsory acquisition of land for any purpose, but I hereby undertake that should the Dominion for the purposes of a Dominion law which applies in this State deem it necessary to acquire any land, I will at their request acquire the land at their expense or if the land belongs to me transfer it to them on such terms as may be agreed, or, in default of agreement, determined by an arbitrator to be appointed by the Chief Justice of India.

7. Nothing in this Instrument shall be deemed to commit me in any way to acceptance of any future constitution of India or to fetter my discretion to enter into arrangements with the Government of India under any such future constitution.

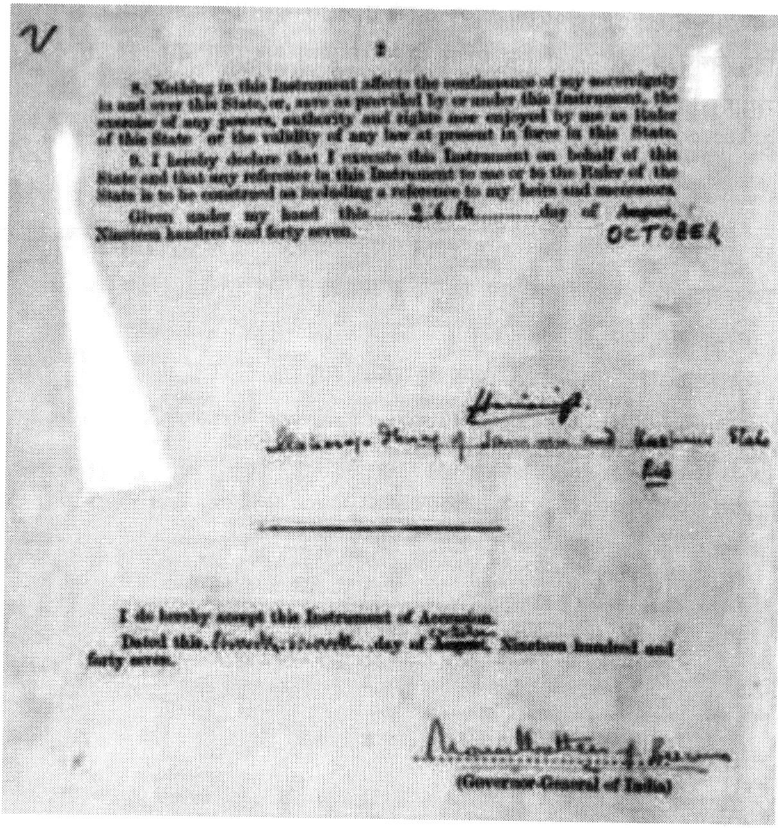

2

8. Nothing in this Instrument affects the continuance of my sovereignty in and over this State, or, save as provided by or under this Instrument, the exercise of any powers, authority and rights now enjoyed by me as Ruler of this State or the validity of any law at present in force in this State.

9. I hereby declare that I execute this Instrument on behalf of this State and that any reference in this Instrument to me or to the Ruler of the State is to be construed as including a reference to my heirs and successors.

Given under my hand this 26th day of ~~August,~~ OCTOBER Nineteen hundred and forty seven.

I do hereby accept this Instrument of Accession.

Dated this twenty seventh day of October ~~August,~~ Nineteen hundred and forty seven.

(Governor-General of India)

भारत के साथ राज्य का विलय करने में ही उनकी और राज्य की जनता की भलाई है। महाराजा हरि सिंह को मनाने में संघ के सर संघचालक श्री गुरुजी ने बहुत महत्त्वपूर्ण भूमिका निभाई। इसके बाद संघ के स्वयंसेवकों ने श्रीनगर के हवाई अड्डे की रातोंरात में मरम्मत करके भारतीय सेना के उतरने की व्यवस्था भी की।

महाराजा ने 24 अक्टूबर, 1947 को भारत सरकार से सहायता के लिए सम्पर्क किया। माउंटबेटन की अध्यक्षता में नयी दिल्ली में रक्षा समिति की बैठक हुई जिसमें माउंटबेटन ने आगाह किया कि जम्मू-कश्मीर जब तक अधिमिलन स्वीकार नहीं करता है, तब तक वहाँ सेना भेजना जोखिम भरा हो सकता है। इस घटना के बाद वी.पी. मेनन को महाराजा के पास स्थिति की

व्याख्या और प्रत्यक्ष विवरण प्राप्त करने के लिए श्रीनगर भेजा गया। अगले दिन मेनन ने सूचना दी कि भारत ने अगर शीघ्र सहायता नहीं की तो सब समाप्त हो जायेगा। उसी दिन मेनन फिर से श्रीनगर वापस गये और इस बार वे अधिमिलन-पत्र पर हस्ताक्षर लेकर दिल्ली लौटे।

26 अक्टूबर, 1947 को महाराजा हरि सिंह ने भारत के साथ अधिमिलन के प्रस्ताव 'इस्ट्रूमेंट ऑफ़ एक्सेशन' पर हस्ताक्षर कर दिये। इस प्रकार जम्मू-कश्मीर की रियासत सम्पूर्ण रूप से भारत का अभिन्न हिस्सा बन गयी। जम्मू-कश्मीर का अधिमिलन भारत के गवर्नर-जनरल माउंटबेटन द्वारा उसी तरह स्वीकार हुआ जैसा कि अन्य भारतीय रियासतों के साथ किया गया था। 'इस्ट्रूमेंट ऑफ़ एक्सेशन' एक ऐसा दस्तावेज़ था जिसे भारत सरकार ने 1947 में रियासतों के अधिमिलन पत्र के रूप में तैयार किया था। 26 अक्टूबर, 1947 इतिहास के पन्नों की वह तारीख़ है जिसने आज़ाद भारत के मानचित्र में शिखर जोड़कर उसे सम्पूर्ण बनाया।

अध्याय-सात

विभाजन की विभीषिका और पाकिस्तानी आक्रमण

साल 1947 त्रासदियों से भरा रहा है। सदी की सबसे बड़ी त्रासदी देश का विभाजन थी। इस त्रासदी में दस लाख से भी अधिक लोग मारे गये थे। जम्मू-कश्मीर में भी भिम्बर, कोटली, पुँछ, मुजफ्फराबाद, रियासी, भद्रवाह, किश्तवाड़, गिलगित और लद्‌दाख में हज़ारों लोगों की पाकिस्तानी घुसपैठियों द्वारा निर्मम हत्या की गयी थी।

वहीं, बँटवारे की रेखा लाखों माँ-बहनों की देह से होकर गुज़री। अनुमानित रूप से एक लाख महिलाओं का बलात्कार हुआ था। विभाजन के यह काला अध्याय आज भी विस्थापित हुए या मारे गये मासूम लोगों के ख़ून से सना हुआ है। विभाजन के बाद पाकिस्तान द्वारा प्रयोजित दंगों में हिन्दू, सिख, ईसाई, बौद्ध, अहमदिया और शिया समुदायों को मारा गया। हालाँकि, विभाजन का सबसे दुर्भाग्यपूर्ण पहलू यह था कि भारत का विभाजन हो गया था—अखण्ड भारत खण्डित हो गया था।

22 अक्टूबर, 1947 का दिन आज़ाद भारत, विशेषकर जम्मू-कश्मीर के इतिहास का वह पन्ना है, जिसमें विश्वासघात, षड्‌यन्त्र, हिंसा, सामूहिक बलात्कार और नरसंहार की दिल दहला देने वाली साज़िशों की दास्ताँ लिखी हुई है। इस तथ्य को महसूस करते हुए कि महाराजा भारत में शामिल होने के इच्छुक थे, पाकिस्तान ने जम्मू-कश्मीर पर बलपूर्वक क़ब्ज़ा करने का फ़ैसला किया। जम्मू-कश्मीर के भारत में अधिमिलन से ठीक पहले, 22 अक्टूबर, 1947 को 'ऑपरेशन गुलमर्ग' के सांकेतिक नाम से पाकिस्तानी सेना ने रियासत पर हमला कर दिया। इस हमले में ऐसा नरसंहार किया गया जिसकी बराबरी मानव इतिहास में कम ही मिलती है। जिन इलाक़ों पर पाकिस्तान क़ब्ज़ा कर चुका था, वहाँ पाकिस्तानी हमलावरों ने हज़ारों हिन्दुओं और सिखों का संहार किया।

जम्मू-कश्मीर पर हुए आक्रमण का रचयिता पाकिस्तानी सेना का मेजर जनरल अकबर ख़ान था। अकबर ख़ान ने ही आक्रमण की योजना और रणनीति बनाकर इस कत्लेआम को अंजाम दिया। उसमें बारामूला, भिम्बर, कोटली, मुज्जफ्फराबाद, राजौरी, मीरपुर आदि के नरसंहार शामिल हैं। भिम्बर, मीरपुर, कोटली और रावलकोट के क्षेत्र पाकिस्तान के प्रवेश द्वार थे। कबाइलियों का धरे सादे कपड़ों में पाकिस्तानी सैनिकों ने 22 अक्टूबर को सुबह 4:30 बजे मुजफ्फराबाद में पुल को पार किया और शहर को लूट लिया। सैन्य परिवहन के साथ वे तेज़ी से उड़ी तक चले गये और उड़ी से हमलावर बारामूला के लिए रवाना हुए।

25 अक्टूबर को इन लोगों ने बारामुला पर क़ब्ज़ा कर लिया। वहाँ ये कई दिनों तक रहे और आगजनी, लूट-पाट, तोड़-फोड़, बलात्कार और हत्याएँ बेरोक टोक करते रहे। सफलता के नशे में चूर पाकिस्तानी सेना ने जंगलीपन और दरिन्दगी की सभी हदें तोड़ दीं। सन्त जोसफ़ कॉन्वेंट में यूरोपियन ननों जो धार्मिक और दान पुण्य के कार्य कर रही थीं, उनकी सामूहिक बलात्कार के बाद निर्मम हत्या कर दी गयी। असंख्य लड़कियों को उठा लिया गया और कई पूजा स्थलों में तोड़-फोड़ और लूट-पाट कर दूषित कार्यों से अपवित्र किया गया। नरसंहार, लूट-पाट और बलात्कार के ताण्डव के बाद आक्रमणकारी 27 अक्टूबर को महाराजा की ग्रीष्मकालीन राजधानी—श्रीनगर पर अन्तिम हमला करने के लिए तैयार थे।

जब पाकिस्तानी सेना ने श्रीनगर की तरफ़ क़दम बढ़ाये तो उसे जरा भी अन्दाजा नहीं था कि आगे ख़ून के आँसू रुलाने वाला रणबांकुरा ब्रिगेडियर राजिन्दर सिंह जामवाल खड़ा होगा। 22 अक्टूबर को जब महाराजा हरि सिंह ने मुजफ्फराबाद पर पाक आक्रमण की ख़बर सुनी, तो वह ख़ुद दुश्मन को रोकने के लिए मोर्चे पर जाना चाहते थे। लेकिन राज्य की सेना के कमाण डर-इन-चीफ़ ब्रिगेडियर राजिन्दर सिंह ने उन्हें मोर्चे पर जाने से रोका और ख़ुद हमलावरों को रोकने के लिए करीब 150 जवानों और बहुत ही कम हथियारों के साथ तुरन्त निकल गये। कश्मीर को पाकिस्तानियों से बचाने में उनकी भूमिका सबसे अहम रही क्योंकि उन्होंने पाकिस्तानी हमलावरों को दो दिनों तक रोके रखा। वे मातृभूमि को हमलावरों से बचाने के लिए रक्त की

अन्तिम बूँद तक लड़ते रहे और फिर इतिहास के पन्नों में अमर हो गये। बिग्रेडियर राजिन्दर सिंह स्वतन्त्र भारत के पहले महावीर चक्र (मरणोपरान्त) विजेता बने।

27 अक्टूबर की सुबह, भारतीय सेना की पहली सिख बटालियन को श्रीनगर में उतारा गया। जब भारतीय जवानों का पहला जत्था श्रीनगर हवाई अड्डे पर पहुँचा तो हमलावर हवाई अड्डे की सरहद तक आ पहुँचे थे। इसके बाद भारतीय सेना ने उड़ी तक के क्षेत्र से पाकिस्तानी सेना को खदेड़ते हुए इसे मुक्त कराया।

जब भारतीय सेना श्रीनगर से आक्रमणकारियों को खदेड़ने में लगी हुई थी, पाकिस्तानी सेना ने जम्मू प्रान्त के पुँछ और मीरपुर में अपनी बढ़त जारी रखी। 24 अक्टूबर, 1947 को पाकिस्तानी सेना ने भिम्बर पर धावा बोलकर वहाँ हिंसा, लूट-पाट, आगजनी के साथ-साथ हज़ारों निर्दोष लोगों की हत्या की। आज भिम्बर 'पाक अधिक्रांत जम्मू-कश्मीर' का हिस्सा है। पाकिस्तानी सेना ने जम्मू-कश्मीर के कोटली में भी धावा बोला। 7 नवम्बर, 1947 को पाकिस्तानी हमलावरों ने राजौरी पर आक्रमण किया और उस पर क़ब्ज़ा कर लिया। राजौरी में रहने वाले हज़ारों हिन्दू और सिखों की हत्या कर दी।

25 नवम्बर, 1947 को मीरपुर में जो कत्लेआम शुरू हुआ वह कई दिनों तक चलता रहा। सन् 1947 में जब भारत-पाकिस्तान का विभाजन हो रहा था, तब मीरपुर भी तत्कालीन जम्मू-कश्मीर रियासत का एक हिस्सा था। आधुनिक हथियारों से लैस पाकिस्तानी सिपाहियों ने जम्मू-कश्मीर के मीरपुर पर धावा बोल दिया और केवल एक ही दिन में 20 हज़ार से भी ज्यादा निर्दोष बूढ़े, युवक-युवतियाँ तथा बच्चों को क्रूरता से मौत के घाट उतार दिया। हज़ारों हिन्दू और सिखों के अमानवीय नरसंहार के बाद पाकिस्तान ने अवैध रूप से मीरपुर पर क़ब्ज़ा कर लिया जो आज भी पाकिस्तान के कब्जे में है।

जम्मू क्षेत्र में भी पाकिस्तानी हमलावरों को रोकने में बहुत सारे लोगों का महत्त्वपूर्ण योगदान है। उनमें ब्रिगेडियर एल.पी. सेन, लेफ्टिनेंट कर्नल प्रीतम सिंह और मेजर जनरल कुलवन्त सिंह जैसे नाम शामिल थे। लेकिन ब्रिगेडियर मोहम्मद उस्मान के नेतृत्व में सेना ने नौशेरा में कबाइलियों के रूप

ब्रिगेडियर राजिन्दर सिंह

ब्रिगेडियर उस्मान

में पाकिस्तानी सेना को इस धूल चटायी कि क़रीब एक हज़ार घुसपैठिये मारे गये, जबकि इतनी ही संख्या में घायल भी हो गये। इसी वजह से उन्हें 'नौशेरा का शेर' भी कहा जाता है। दुर्भाग्य से 3 जुलाई, 1948 को नौशेरा की लड़ाई में भारत माँ का यह बेटा भी शहीद हो गया।

इनमें राष्ट्रीय स्वयंसेवक संघ के उन चार स्वयंसेवकों का बलिदान भी उल्लेखनीय है जो कोटली में सेना को समय पर हथियार पहुँचाने की प्रक्रिया में शहीद हुए। हमारी सेना के हथियार दुश्मन के क़ब्ज़े वाले इलाक़े में जा गिरे थे। सेनाधिकारियों के आह्वान पर आठ स्वयंसेवक यह गोले-बारूद के बक्से वापस प्राप्त करने निकले थे। गोला-बारूद भारतीय सेना के हवाले करने के बाद मिशन से लौटते हुए इनमें से हर एक के कन्धे पर इनके एक शहीद साथी का शव भी था।

अध्याय-आठ

आतंकवाद के विरुद्ध संघर्ष

पाकिस्तान ने 1947, 1965 और 1971 के भारत से युद्धों में लगातार मात ख़ाने के बाद कश्मीर में अलगाववाद, आतंकवाद और इस्लाम की आड़ में परोक्ष युद्ध 1989 में शुरू कर दिया। परिणामस्वरूप कश्मीर घाटी में रहने वाले कश्मीरी हिन्दुओं को निशाना बनाना शुरू कर दिया गया। कश्मीर में पहला बलिदान विख्यात एडवोकेट टिकालाल टपलु का हुआ था। इसके अलावा छत्ती सिंह पोरा में 35 सिक्खों और नदीमर्ग में 24 कश्मीरी हिन्दुओं के नरसंहार जैसी अनेक घटनाएँ हुईं। इसके बाद कश्मीरी हिन्दुओं पर अत्याचार और उनकी हत्याओं का सिलसिला ऐसा चला कि समाज को पलायन के लिए मजबूर होना पड़ा था। आतंकवाद ने कश्मीर के बाद जम्मू में भी अपने पाँव पसारे और आतंकियों ने बड़ी घटनाओं को अंजाम दिया। डोडा के चपनारी, कुलहाँड और रियासी के प्राणकोट में हिन्दू परिवारों के नरसंहार किये गये। जम्मू के रघुनाथ मन्दिर, रेलवे स्टेशन, राजीव नगर कालुचक्क एवं अखनूर में आतंकियों ने हमले किये थे।

सन् 1980-1990 के दशक में जम्मू सम्भाग के सुदूर क्षेत्रों में आतंकवादी गतिविधियाँ बढ़ने से तत्कालीन डोडा ज़िले में चुनिन्दा हत्याएँ शुरू हो गयी थीं। कई निर्दोष नागरिकों ने बलिदान दिया। इन चुनिन्दा हत्याओं के अलावा आतंकवादियों ने जम्मू सम्भाग के दूर-दराज के क्षेत्रों में हिन्दुओं का सामूहिक संहार शुरू कर दिया। इन घटनाओं से स्थानीय लोगों में आक्रोश और भय के कारण कई लोग अपने घरों को छोड़कर सुरक्षित क्षेत्रों—जैसे जम्मू शहर और देश के अन्य शहरों में चले गये। ऐसी परिस्थितियों में राष्ट्रवादी लोगों द्वारा 'डोडा बचाओ आन्दोलन' शुरू किया गया। परिणामस्वरूप 1990 के दशक के मध्य तक रियासी, रामबन, डोडा, किश्तवाड़, कठुआ, राजौरी और पुँछ के दूरस्थ और पहाड़ी क्षेत्रों में रहने वाले लोगों की सुरक्षा के उद्देश्य

से केन्द्र सरकार द्वारा ग्राम सुरक्षा समितियों का गठन किया गया। बाद में जम्मू के मैदानी इलाक़ों में विशेष रूप से सीमावर्ती गाँवों में घुसपैठ रोकने के लिए भी इन सुरक्षासमितियों का गठन किया गया। जम्मू-कश्मीर की महिलाएँ भी ग्राम सुरक्षा समितियों में शामिल हुईं और उन्होंने अपने गाँवों की सुरक्षा और आतंकवाद को रोकने में महत्त्वपूर्ण भूमिका निभायी। 1980 और 1990 के दशक में कश्मीर घाटी से कश्मीरी हिन्दुओं के संहार और पलायन के बाद जम्मू सम्भाग के दूरदराज के क्षेत्रों में आतंकवादी गतिविधियाँ शुरू हुईं। मातृभूमि के लिए अपने प्राणों की आहुति देने वाले नागरिकों की एक लम्बी सूची है। सन्तोष ठाकुर जी 19 दिसम्बर, 1992 को डोडा कस्बे में सतीश भण्डारी जी 10 मई, 1993 हत्या कर दी गयी थी। 7 जून, 1993 की सुबह श्री रुचिर कुमार कौल जी की निर्मम हत्या की गयी। 14 अगस्त, 1993 की सुबह किश्तवाड़ से जम्मू जा रही एक बस को अगवा कर 16 लोगों को मार दिया गया। 26 दिसम्बर, 1993 को एक अन्य सामाजिक कार्यकर्ता परवीन गुप्ता जी की किश्तवाड़ में आतंकवादियों ने हत्या कर दी थी। भद्रवाह के स्वामी राज काटिल जी को 3 मई, 1994 को आतंकवादियों ने मार डाला था, वह अदालत में एक कर्मचारी थे। 1 जून 1995 को किश्तवाड़ में आतंकियों ने पवन सेन जी की हत्या की थी। 5 जनवरी, 1996 की रात को हथियारों से लैस आतंकवादियों के एक समूह ने बरशाला गाँव में धावा बोल दिया और 14 लोगों को गोली मार दी। 8 जून, 1996 को एक अन्य घटना में, डोडा ज़िले के कमलारी गाँव में राज्य वन निगम के वरिष्ठ अधीक्षक जगन्नाथ शर्मा के परिवार के पाँच सदस्यों सहित आठ लोगों को मौत के घाट उतार दिया गया था। इस प्रकार कई निर्दोष व निहत्थे आम नागरिक देश के लिए बलिदान दे रहे थे। नब्बे के दशक में आतंकवादी खुलेआम घूमते थे जिसके कारण गाँवों में लोग भय और तनाव में जीवन जी रहे थे।

ऊधमपुर ज़िले की महोर तहसील के माचल गाला के पास सुदूर ढाकीकोट गाँव में 17 और 18 जून, 1997 की दरम्यानी रात को आतंकियों ने 12 बच्चों समेत 29 मासूम लोगों की हत्या कर दी थी।

1990 का दशक विशेष रूप से जम्मू-कश्मीर के लोगों और सामान्य रूप से पूरे देश के लिए सबसे काला दशक था। शाम को आतंकियों

द्वारा गाँवों के निर्दोष लोगों को आतंकित करने के लिए गाँवों की ओर पत्थर फेंकते और फिर फायरिंग शुरू कर देते। सूर्यास्त के बाद ग्रामीणों को अपने घरों की लाइट बन्द करने के लिए मजबूर होना पड़ता था और इससे युवा पीढ़ी की पढ़ाई पर प्रतिकूल प्रभाव पड़ा। चुनिन्दा हत्या और सामूहिक नरसंहार की घटनाएँ एक साथ चल रही थीं। 9 मई, 1998 को आतंकवादियों ने किश्तवाड़ में स्वास्थ्य विभाग में सरकारी कर्मचारी चमन लाल शान की हत्या कर दी थी। डंडियाँ गाँव के मूलराज का डंडासना माता मन्दिर के पास उस समय सिर काट दिया गया था जब वह अपने मवेशी चरा रहे थे। सात दिन बाद उसका शव बरामद हुआ। डोडा ज़िले के डोडा-देसा मार्ग पर ग्राम चपनारी में आतंकवादियों ने दो बारातों के 25 पुरुष सदस्यों को मार डाला और सात अन्य को गम्भीर रूप से घायल कर दिया था। 22 जुलाई, 2001 को डोडा ज़िले की किश्तवाड़ तहसील के शीरजी और तगूद गाँवों में 12 लोगों की आतंकवादियों ने हत्या कर दी थी। किश्तवाड़ के टप्पल गली में 2 नवम्बर, 2018 को आतंकवादियों ने परिहार बन्धुओं की गोली मारकर हत्या कर दी।

9 अप्रैल, 2019 को ज़िला अस्पताल, किश्तवाड़ में चन्द्रकान्त शर्मा को अपनी आधिकारिक ड्यूटी का निर्वहन करते समय आतंकवादियों ने गोली मार दी थी। उनके निजी सुरक्षा अधिकारी राजिन्दर जी को भी आतंकवादियों ने मार दिया था। चन्द्रकान्त शर्मा एक निडर और समर्पित भारतीय थे।

ग्राम रक्षा समितियाँ

इन परस्थितियों में पहाड़ी और दूर-दराज के क्षेत्रों से लोग सुरक्षित स्थानों की ओर पलायन कर रहे थे। परिणामस्वरूप इन क्षेत्रों में उग्रवादियों के बुरे मंसूबों को रोकने और उनका मुक़ाबला करने के लिए 'डोडा बचाओ आन्दोलन' शुरू किया। 50,000 से अधिक सत्याग्रहियों और कई राष्ट्रीय नेताओं ने इस आन्दोलन में सक्रिय रूप से भाग लिया। उन्होंने ग्राम रक्षा समितियों की स्थापना और विशेष अभियान समूहों (एसओजी) के गठन की माँग की। इसमें अटल बिहारी वाजपेयी और एल.के. आडवाणी जी ने महत्त्वपूर्ण भूमिका निभायी और उनके प्रयासों से प्रधानमन्त्री पी.वी. नरसिम्हा राव ने ग्राम रक्षा समितियों (Village Defence Committees) का गठन किया।

जम्मू सम्भाग के दूर-दराज के गाँवों में ग्रामीणों की सुरक्षा के लिए वीडीसी बनायी गयी थी, क्योंकि दूर दराज के इलाक़ों में प्रत्येक गाँव को सैन्य या पुलिस पोस्ट उपलब्ध कराना सम्भव नहीं था। वीडीसी पहली बार 1990 के दशक के मध्य में जम्मू सम्भाग के गाँवों में पाकिस्तान प्रायोजित आतंकवादियों से बचाव के लिए ग्रामीणों को प्रशिक्षित करने के लिए स्थापित की गयी थीं।

वीडीसी जम्मू और कश्मीर में आतंकवाद विरोधी व्यवस्था का महत्त्वपूर्ण हिस्सा हैं। भारतीय सेना उन्हें समय-समय पर हथियार चलाने का प्रशिक्षण देती है। वीडीसी ने आतंकवाद विरोधी अभियानों में सेना की सहायता करने में महत्त्वपूर्ण भूमिका निभायी है और वीडीसी समाज का एक महत्त्वपूर्ण हिस्सा हैं। वे अपने क्षेत्र में शान्ति और स्थिरता बनाये रखने में सहायता करते हैं।

ग्राम रक्षा समिति में नारी शक्ति

कई क्षेत्रों में जब पुरुष लोग काम-काज के लिए घर से बाहर जाते थे, आतंकवादी, महिलाओं को निशाना बनाते थे। प्रशासन ने सोचा कि क्यों न आतंकियों से लड़ने के लिए महिला ग्राम रक्षा समिति बनायी जाएँ। इसी के चलते महिला ग्राम रक्षा समितियों का गठन किया गया। इस प्रकार नारी शक्ति भी अपने गाँव व देश की रक्षा में महत्त्वपूर्ण भूमिका निभा रही है।

ग्राम रक्षा समिति का पुनर्गठन

केन्द्रीय गृह मन्त्री श्री अमित शाह के नेतृत्व में गृह मन्त्रालय ने ग्राम रक्षा समिति का पुनर्गठन कर इसका नाम 'ग्राम सुरक्षा समूह' कर दिया है। साथ ही इसके सदस्यों को 'गार्ड' नाम दिया गया है। समूह के मुखिया व गार्ड का वेतन भी निर्धारित कर दिया गया है।

अध्याय-नौ

आज़ादी अभी अधूरी है

भारत को स्वतन्त्रता की बहुत बड़ी क़ीमत चुकानी पड़ी। आज़ादी का उत्सव अभी शुरू भी न हो सका था कि 14 अगस्त, 1947 को भारत का विभाजन दो भागों में बाँट कर दिया गया, जिससे साम्प्रदायिक सद्भाव तार-तार हो गया। बँटवारे में मरने वालों का सरकारी आँकड़ा केवल 10 लाख दर्ज है जो वास्तविक संख्या से बहुत कम है। लोग अपने ही देश में शरणार्थी बनने को मजबूर थे। पाकिस्तानी हमले के कारण हमारे अनेक तीर्थस्थल जैसे माँ मंगला देवी, शारदा पीठ, गुरु हरगोविन्द सिंह गुरुद्वारा और न जाने कितने ही आस्था के केन्द्र अब पीओजेके में पाकिस्तान के अवैध क़ब्ज़े में हैं। ऐसे ही विभाजन के समय भी हमारे अनेक तीर्थस्थलों जैसे ननकाना साहिब, माता हिंगलाज, करतारपुर साहिब आदि भी पाकिस्तान के क़ब्ज़े में चले गये।

यही नहीं स्वतन्त्रता के उपरान्त जम्मू-कश्मीर राज्य के गिलगित-बाल्तिस्तान, मीरपुर, कोटली, मुजफ्फराबाद, भिम्बर, देवा बटाला, हटियन बाला, सुदनोती जैसे अनेक स्थान भी आज हमारे पास नहीं हैं। बाद की दो लड़ाइयों (1965 और 1971) में पाकिस्तान ने कूटनीतिक चालाकी से छम्ब सेक्टर को भी हथिया लिया।

पीओजेके वासियों की भाषा, ख़ान-पान, वेशभूषा और संस्कृति प्रकृति पाकिस्तानी से अधिक भारतीय है। यहाँ गोजरी, पहाड़ी, हिंडको आदि भाषाएँ बोली जाती हैं। यह क्षेत्र न सिर्फ भू-राजनीतिक दृष्टि से, बल्कि अपने प्राकृतिक संसाधनों और सांस्कृतिक समृद्धि के कारण भी अत्यन्त महत्त्वपूर्ण है।

वास्तविक तौर पर हमारे नेताओं ने अधूरी आज़ादी को स्वीकार किया था। नेहरू जी कहते थे कि "हम बूढ़े हो चुके हैं और अब ज्यादा इन्तज़ार नहीं कर सकते हैं। इसीलिए हमने विभाजन स्वीकार कर लिया।" अगर वे

अडिग रहते कि भारत माँ के टुकड़े नहीं होने देंगे तो कुछ समय बाद ही सही पर अखण्डित भारत को आज़ादी मिलती।

आज़ादी के 75वें अमृत महोत्सव के अवसर पर विचारणीय बात यह है कि हमने क्या खोया व क्या पाया? जो हिस्से हमारे पास नहीं रहे, उन्हें फिर से लेने का संकल्प लेना होगा। अतएव अखण्ड भारत की कामना की पूर्णाहुति अभी बाकी है, वह अवश्यम्भावी है। स्वत्व का स्वाभिमान पूर्ण जाग्रत हो चुका है। अब संकल्प की बारी है, माँ भारती के वन्दन के उत्सव की तैयारी है। इस सन्दर्भ में पूर्व प्रधानमन्त्री अटल बिहारी वाजपेयी जी की एक कविता 'स्वतन्त्रता दिवस की पुकार' उल्लेखनीय है—

> पन्द्रह अगस्त का दिन कहता, आज़ादी अभी अधूरी है
> सपने सच होने बाक़ी हैं, रावी की शपथ न पूरी है।।
> उस स्वर्ण दिवस के लिए आज से कमर कसें, बलिदान करें
> जो पाया उसमें खो न जाये, जो खोया उसका ध्यान करें।।

प्राचीन अखण्ड भारत राजनीतिक रूप से अभी सम्भव हो, न हो। पर पीओजेके और सीओजेके को तो अविलम्ब मिलाना होगा।

भारत जैसे विशाल देश की 'विविधताओं की एकता' प्रमुख विशेषता रही है। रामायण, वेद-पुराण, महाभारत, श्रीमद्भगवद्गीता जैसे ग्रंथ हमारी राष्ट्रीय धरोहर हैं। अतः इनसे प्रेरणा लेकर हमें शक्ति की साधना और देश प्रेम की भावना को जाग्रत करने की आवश्यकता है। अखण्ड भारत, भारत के प्राचीन समय के अविभाजित स्वरूप को कहा जाता है। उस समय भारत बहुत विस्तृत था। जम्बूदीप के नाम से ख्याति प्राप्त एशिया महाद्वीप का सिन्धु प्रदेश भारत ही था। लेकिन बाद में हम पर लगातार आक्रमण होते गये और हम भौगोलिक रूप से सिकुड़ते गये। अखण्ड भारत में अफ़ग़ानिस्तान, पाकिस्तान, बांग्लादेश, श्रीलंका, नेपाल, तिब्बत, भूटान, ब्रह्म देश (वर्मा), इंडोनेशिया, कम्बोडिया, थाइलैंड आदि देश शामिल थे। इनमें से कुछ देश बहुत पहले ही भारत से अलग हो गये थे तो कुछ देश स्वतन्त्रता के पश्चात् भारत से अलग हो गये।

अखण्ड भारत महज एक भौगोलिक धारणा नहीं, बल्कि हमारी राष्ट्रीय श्रद्धा और आकांक्षा है। जो उसकी माटी को माथे से लगाता हो, 'वन्देमातरम्'

गाता हो, ऐसे व्यक्ति मातृभूमि के विभाजन की वेदना को कैसे भूल सकते हैं? हमारे सामने सबसे पहले प्रश्न यह खड़ा होता है कि भारत क्या है? भारत की अखण्डता का मूल आधार भौगोलिक रूप से कहीं अधिक सांस्कृतिक है। इसीलिए खण्डित भारत में सांस्कृतिक पुनर्जागरण की आवश्यकता है, जिससे पुनः अखण्ड भारत का निर्माण किया जा सके। इसके लिए भारत की सामूहिक चेतना में 'विविधताओं की एकता', 'सर्वजन सुखाय, सर्वजन हिताय' और 'वसुधैवकुटुम्बकम्' का भाव पैदा करना होगा।

सन् 1947 ई. का विभाजन भारत का पहला और अन्तिम विभाजन नहीं था। भारत के भू-भागों को बाँटने की प्रक्रिया उसके बहुत पहले से ही शुरू हो चुकी थी। सातवीं शताब्दी से लेकर दसवीं शताब्दी तक लगभग ढाई सौ सालों में हिन्दू बहुल अफ़ग़ानिस्तान अपना अस्तित्व खो बैठा, जिसका भुगतान वहाँ के लोग आज तक कर रहे हैं। हिमालय की गोद में बसे नेपाल तथा भूटान देश अपनी जटिल भौगोलिक स्थितियों के कारण अविजित रहे। जिसके कारण वहाँ का धर्म और संस्कृति बहुत कुछ संरक्षित रह गये। श्रीलंका पर पहले पुर्तगाल फिर हालैंड और अन्त में अंग्रेज़ों ने शासन किया। बाद में श्रीलंका भारत से पूरी तरह से अलग कर दिया गया। गत 1300 वर्षों से भारत की धरती पर वैचारिक संघर्ष चल रहा था। उसी के परिणामस्वरूप सन् 1947 ई. में भारतवर्ष को दो भागों में विभाजित कर दिया गया।

स्वाधीनता प्राप्ति के अलावा स्वाधीनता की रक्षा के लिए भी भारत ने बड़ा संघर्ष किया है। स्वाधीनता की रक्षा के लिए भारत ने पाकिस्तान के साथ चार युद्ध (सन् 1947, 1965, 1971 और 1999 ई.) और चीन के साथ सन् 1962 ई. का युद्ध लड़ा है। इन युद्धों में देश की एकता-अखण्डता और स्वतन्त्रता के लिए सर्वस्व न्योछावर करने वाले भारत माँ के सपूतों का स्मरण करना अनिवार्य है।

अध्याय-दस

एक कदम भविष्य की ओर

स्वतन्त्रता के तुरन्त बाद जम्मू-कश्मीर के भारतीय संघ में अधिमिलन के समय संविधान में 'अस्थायी प्रावधान' 370 रखा गया था। इसके बाद अनुच्छेद 370 का दुरुपयोग कर धारा 35-ए को जोड़ा गया और इसके साथ-साथ भारतीय संविधान के अनेक अनुच्छेदों को जम्मू-कश्मीर में लागू नहीं होने दिया गया। परिणामस्वरूप अनेक कल्याणकारी और विकास योजनाएँ जम्मू-कश्मीर में लागू नहीं हो पायीं। जम्मू-कश्मीर में पश्चिमी पाकिस्तान के शरणार्थियों, पीओजेके विस्थापितों, महिलाओं, दलितों, जनजाति एवं पिछड़ा वर्ग के मूलभूत अधिकारों का हनन हुआ। यह संविधान की मूल भावना के प्रतिकूल था।

जम्मू कश्मीर की देशभक्त जनता ने शुरुआत से ही इन विभाजनकारी प्रयासों का पुरजोर विरोध किया। जनसंघ के संस्थापक डॉ. श्यामाप्रसाद

डॉ. श्यामाप्रसाद मुखर्जी

पण्डित प्रेमनाथ डोगरा

मुखर्जी ने सबसे पहले और सबसे ज़ोरदार ढंग से जम्मू-कश्मीर को अलगाने वाले इन प्रावधानों का संसद से लेकर सड़क तक और दिल्ली से लेकर श्रीनगर तक विरोध किया था। शासन-प्रशासन की विविध योजनाओं, सुविधाओं-संसाधनों के वितरण और सरकारी सेवाओं में भागीदारी में जम्मू सम्भाग की उपेक्षा के ख़िलाफ़ आन्दोलनरत पण्डित प्रेमनाथ डोगरा और प्रजा परिषद् का भी साथ दिया। जम्मू-कश्मीर प्रजा परिषद् की स्थापना 17 नवम्बर, 1947 को हुई। पण्डित प्रेमनाथ डोगरा के नेतृत्व में ही प्रजा परिषद जम्मू सम्भाग की आवाज़ और एक जन-आन्दोलन बन सकी और उसकी राष्ट्रीय पहचान स्थापित हो सकी। पण्डित प्रेमनाथ डोगरा और प्रजा परिषद् ने डॉ. श्यामाप्रसाद मुखर्जी के नारे 'एक देश में दो निशान, दो विधान और दो प्रधान नहीं चलेंगे' को जन-जन तक पहुँचाया। डॉ. श्यामाप्रसाद मुखर्जी ने भारत की एकता, अखण्डता और सम्प्रभुता की लड़ाई लड़ी। ऐतिहासिक तथ्य है कि भारत के एकीकरण और जम्मू-कश्मीर राज्य के भारत में पूर्ण-विलयन की लड़ाई लड़ते हुए ही 23 जून, 1953 को श्रीनगर के निकट निशात बाग में नज़रबन्दी के दौरान उनकी रहस्यमयी परिस्थितियों में असामयिक मृत्यु हुई।

5 अगस्त, 2019 को प्रधानमन्त्री श्री नरेन्द्र मोदी के नेतृत्व वाली केन्द्र सरकार ने अनुच्छेद 370 और 35-ए को हटाकर जम्मू-कश्मीर की उपेक्षित और उत्पीड़ित जनता को मुख्यधारा से जोड़ा।

अनुच्छेद 370 हटने के बाद पिछले तीन साल जम्मू-कश्मीर के लिए निर्णायक रहे हैं। अब यहाँ जमीनी बदलाव की आधारभूमि तैयार हो चुकी है। वर्तमान में आतंकवादी और हिंसक घटनाओं में उल्लेखनीय कमी हुई है।

31 मार्च, 2020 को केन्द्र सरकार ने जम्मू-कश्मीर पुनर्गठन (राज्य विधि का अनुकूलन) आदेश-2020 अधिसूचित किया था। इस आदेश के तहत राज्य में पूर्व-प्रचलित 129 क़ानूनों में आंशिक संशोधन किया है और 29 क़ानूनों को पूर्ण रूप से निरस्त किया गया है। इस निरस्तीकरण से इन काले क़ानूनों के कारण पिछले 72 वर्षों से प्रताड़ित और वंचित रहे वाल्मीकि, जनजाति, महिला, गोरखा, पश्चिमी पाकिस्तान से आये शरणार्थी, पीओजेके विस्थापित आदि समुदायों को न्याय और सम्मान सुनिश्चित हुआ है।

परिणामस्वरूप, पाक अधिक्रांत जम्मू-कश्मीर (POJK) और चीन अधिक्रांत जम्मू-कश्मीर (COJK) ज़ुल्मोसितम के ख़िलाफ़ अपनी आवाज़ बुलन्द कर रहे हैं। गिलगित, बाल्टिस्तान आदि क्षेत्रों में नागरिक आन्दोलन चल रहे हैं। 22 फरवरी, 1994 को भारतीय संसद द्वारा सर्वसम्मति से पारित संकल्प राष्ट्रीय आकांक्षा की अभिव्यक्ति है।

पिछले दिनों जम्मू-कश्मीर में नयी उद्योग नीति, अधिवास नीति, आरक्षण नीति, भाषा नीति, मीडिया नीति आदि लागू हुई हैं। 30 वर्षों से लम्बित त्रिस्तरीय पंचायती राज अधिनियम लागू हुआ है और विधान-सभा क्षेत्रों का परिसीमन किया गया है। पूँजी-निवेश और आर्थिक-पुनर्नियोजन के लिए जम्मू-कश्मीर के द्वार खुल चुके हैं। यह सचमुच एक ऐतिहासिक परिघटना है।

उल्लेखनीय है कि अभी तक जम्मू सम्भाग की लोक-कलाओं और पर्यटन-स्थलों के विकास एवं प्रचार-प्रसार के प्रति भी सायास उदासीनता बरती गयी है। अब इन सम्भावनाओं का सुनियोजित विकास और सतत दोहन करने की आवश्यकता है। जम्मू-कश्मीर के नौजवानों को देश की मुख्यधारा में शामिल करके और विकास-योजनाओं में उनकी भागीदारी सुनिश्चित करके ही पाकिस्तान पोषित आतंकवाद को मात दी जा सकती है।

अध्याय-ग्यारह

हमारा कर्त्तव्य

भारत की स्वतन्त्रता, एकता, अखण्डता और सम्प्रभुता की रक्षा के लिए 1947 से लेकर आज तक अपना बलिदान देने वाले जम्मू-कश्मीर प्रदेश के दस हज़ार से अधिक जाँबाज़ों का स्मरण करना और उन्हें श्रद्धांजलि देना न सिर्फ़ जम्मू-कश्मीर वासियों बल्कि समस्त देशवासियों का सामूहिक कर्तव्य है। उनके आश्रितों और परिवार के सदस्यों का मान-सम्मान करना और उन्हें हर सम्भव सुविधा और सहूलियत देना भी समाज का कर्तव्य है। हमें सदैव याद रखना चाहिए कि जो समाज अपने वीरों और बलिदानियों को सम्मान देना भूल जाता है, वह विनाश की ओर बढ़ जाता है।

हमें स्वतन्त्रता मिले 75 वर्ष हो गये हैं। स्वतन्त्रता के लिए हमारे पूर्वजों ने बहुत लम्बा संघर्ष किया था। इस संघर्ष में असंख्य स्वतन्त्रता सेनानियों के तप, त्याग और बलिदान की गाथाएँ छिपी हैं। स्वतन्त्रता के बाद जन्मी वर्तमान पीढ़ी है को उनके निःस्वार्थ बलिदान, शौर्य और साहस का ज्ञान होना आवश्यक है। हमारे पूर्वजों ने स्वतन्त्रता-प्राप्ति के लिए क्या किया है, इसे केवल जानना ही नहीं चाहिए बल्कि इससे प्रेरणा भी लेनी चाहिए, ताकि अपनी स्वतन्त्रता की रक्षा की जा सके अपने इन स्वतन्त्रता सेनानियों के अलावा स्वतन्त्रता की रक्षा के लिए कुर्बानी देने वाले सेना, अन्य सुरक्षा बलों और पुलिस के जाँबाज़ सिपाहियों को भी निरन्तर याद रखना चाहिए। इन योद्धाओं में बन्दा सिंह बहादुर, महाराजा हरि सिंह, डॉ. श्यामाप्रसाद मुखर्जी, पण्डित प्रेमनाथ डोगरा, ब्रिगेडियर राजिन्दर सिंह, ब्रिगेडियर मोहम्मद उस्मान, मेजर सोमनाथ शर्मा, ब्रिगेडियर प्रीतम सिंह, मेजर शेरजंग थापा, कोकिला देवी आदि सपूतों और वीरांगनाओं का नाम अविस्मरणीय है। आज भारतवर्ष को और आगे ले जाने की भी आवश्यकता है। उसके लिए वर्तमान पीढ़ी के आत्मविश्वास को बढ़ाना और उसे राष्ट्रभाव के लिए समर्पित

और संगठित करना ज़रूरी है। ऐसा करके ही भारत को विश्व का सिरमौर बनाया जा सकता है। अपने पूर्वजों की वीरता और बलिदानों से प्रेरणा लेने वाला समाज ही सुरक्षित, संगठित, स्वतन्त्र, सम्प्रभु और समृद्ध रह सकता है।

जम्मू-कश्मीर देश की स्वतन्त्रता के समय से ही पाकिस्तान की बदनीयती का शिकार रहा है। प्रारम्भ से ही पाकिस्तान ने जम्मू-कश्मीर पर कभी आक्रमण किया तो कभी आतंकवाद और अलगाववाद को भड़काया है। जम्मू-कश्मीर की जनता ने सदैव पाकिस्तान और देश विरोधी अन्य शक्तियों के षड्यन्त्रों को विफल करने में सेना, सुरक्षा बलों और जम्मू-कश्मीर पुलिस का सहयोग किया है। जम्मू-कश्मीर और लद्दाख की देशभक्त जनता लगातार आन्तरिक और बाहरी दोनों चुनौतियों के ख़िलाफ़ संघर्षरत रही है। ऐसे सपूतों में धरमवीर खन्ना, वेद प्रकाश चड्ढा, प्रीतम सिंह, सुक्खा सिंह, मकबूल शेरवानी आदि का नाम उल्लेखनीय है। छुरा गाँव की बीबी नसीब कौर और उनके 402 साथियों के बलिदान को भला कौन भारतीय भुला सकता है जिन्होंने पुरुष वेश धारण करके पाकिस्तानी सेना से युद्ध करते हुए भारत की एकता, अखण्डता और सम्प्रभुता के लिए अपने प्राण न्योछावर कर दिये।

पीओजेके पर अक्टूबर, 1947 में हुए पाकिस्तानी आक्रमण के समय मीरपुर, मुजफ्फराबाद, भिम्बर, कोटली आदि में क्रूरतम नरसंहार हुआ, माँ-बहनों पर अनेक अत्याचार हुए। उनमें से हज़ारों को अपना घर-द्वार, रोजी-रोटी, धन-सम्पत्ति यहाँ तक कि प्राण भी गँवाने पड़े। लाखों निर्दोष लोग विस्थापित हुए। वे न्याय और अपने अधिकारों और घर वापसी की उम्मीद लगाये बैठे हैं। इसी प्रकार पीओजेके में रहने वाले भारतीय भी आज तक उपेक्षित और उत्पीड़ित हैं। वे अभी तक स्वतन्त्र नहीं हैं। पाक अधिक्रांत जम्मू-कश्मीर और चीन अधिक्रांत जम्मू-कश्मीर में रह रहे भारतीयों को न्याय, सम्मान, सुरक्षा, स्वतन्त्रता और भारत की नागरिकता दिलाना प्रत्येक भारतीय का उत्तरदायित्व है। इसके लिए संकल्पबद्ध और संगठित होकर काम करने की आवश्यकता है।

अपने बेटे के साथ आतंकवादियों द्वारा मौत के घाट उतारे गये कश्मीर के प्रसिद्ध कवि सर्वानन्द कौल समेत जम्मू-कश्मीर में राष्ट्रीय एकता और अखण्डता को बनाये रखने के लिए अपना सर्वस्व न्यौछावर करने वाले

बलिदानियों के नाम पर स्कूल, सड़क और महत्त्वपूर्ण सरकारी इमारतों का नामकरण होना तय हुआ है। इनमें प्रमुखतः रियाज़ अहमद लोन, राइफलमैन मोहम्मद सफीर ख़ान, अहमद मलिक, कांस्टेबल राज कुमार, कांस्टेबल जगदेव सिंह, बलिदानी रियाज़ अहमद, राइफलमैन अब्दुल हमीद जैसे बलिदानियों के नाम शामिल हैं। यह एक कृतज्ञ राष्ट्र की अपने शहीदों के लिए सच्ची श्रद्धांजलि है।

आज देश में सकारात्मक परिवर्तन की लहर है। दुनिया के सामने भारत को फिर खड़ा करने का सुनहरा अवसर आ गया है। भारत को खड़ा करने के लिए भारतीय समाज को खड़ा होना होगा। कन्धे-से-कन्धा और क़दम-से-क़दम मिलाकर चलना होगा। हम सब बढ़ेंगे, मिलकर आगे बढ़ेंगे तभी भारत आगे बढ़ेगा। अकेले-अकेले और आपस में बँटकर कुछ हासिल नहीं होगा। भारत के भविष्य को उज्ज्वल बनाने के लिए हमें कुछ विशेष बिन्दुओं का ध्यान रखना चाहिए—

- ईर्ष्या, द्वेष और कटुता की जगह समता, समरसता और बन्धुत्व हमारा स्वभाव बने।
- बाँटने वाली और विध्वंसकारी बातों की जगह हमारा ध्यान जोड़ने वाले और समन्वयकारी विषयों की ओर हो। भारत बोध और भारत भाव का जागरण आवश्यक है।
- अपने देश की मिट्टी, पेड़-पौधों, पशु-पक्षियों, नदियों-पहाड़ों, साधनों-संसाधनों, परम्पराओं-रीति-रिवाज़ों, भाषाओं-बोलियों, सभ्यता-संस्कृति के साथ-साथ अपने देशवासियों से प्रेम करना और उनके दुख-सुख में साथ खड़ा होना ही सच्ची देशभक्ति है।
- सम्पूर्ण समाज पूरी प्रतिबद्धता और एकजुटता के साथ वीर सैनिकों और बलिदानियों के परिवारों के साथ खड़ा रहे। बलिदानियों के परिवारों की जिम्मेदारी सरकार के साथ-साथ समाज भी ले। इन परिवारों को कभी भी अकेला महसूस न होने दे। उनके बलिदान की सार्थकता सिद्ध करना प्रत्येक भारतीय का कर्तव्य है। शहीदों के बलिदान को व्यर्थ न जाने देने की जिम्मेदारी सम्पूर्ण समाज

की है। हमें एकजुट और एक स्वर होकर इस जिम्मेदारी को स्वीकार करना चाहिए।

- अलग-अलग संस्थानों, मार्गों, भवनों, विकास योजनाओं, पुरस्कारों, अपने बच्चों आदि का नामकरण देशभक्तों के नाम पर करें।
- अमर बलिदानियों के स्मारक बनाये जायें। जम्मू-कश्मीर के स्वतन्त्रता संघर्ष के ऐतिहासिक स्थलों/केन्द्रों का संरक्षण और जीर्णोद्धार किया जाये।
- इन बलिदानियों की जन्मतिथि तथा पुण्यतिथि सामूहिक उत्सव की तरह मनायी जायें।
- 15 अगस्त और 26 जनवरी जैसे राष्ट्रीय उत्सवों में बलिदानियों को अवश्य याद करें। राष्ट्र गान, राष्ट्रीय गीत, राष्ट्रध्वज, राष्ट्रीय संविधान और अन्य राष्ट्रीय चिह्नों के प्रति हृदय में श्रद्धा और समर्पण भाव रखें।
- व्यक्ति मात्र के रूप में नहीं भारतीय के रूप में सोचने की आदत बनायें। अपने और अड़ोस-पड़ोस के गाँवों-मोहल्लों के शहीदों के बारे में पता करें और उनका नाम और उनकी वीरता की कहानी देश-समाज के सामने लायें।
- साहित्य, कहानी, लोकगीत, नाटक, फ़िल्मों, मीडिया, सोशल मीडिया आदि के माध्यम से इन अमर बलिदानियों की वीरगाथाओं को समाज के बीच लेकर जायें, ताकि वे हमारे आदर्श और प्रेरणापुंज बन सकें।
- विदेशी आक्रान्ताओं की क्रूरता, मतान्धता और धन-लोलुपता के बारे में भी भावी पीढ़ियों को बताये। स्वतन्त्रता-प्राप्ति का मूल्य समझकर और स्वतन्त्रता का मूल्य चुकाकर ही हम अपनी स्वतन्त्रता को सुरक्षित और संरक्षित कर सकते हैं।

समाहार

वर्तमान समय ऐसा है जब हम जम्मू-कश्मीर के इतिहास को सही रूप में पढ़ें, लिखें और जानें। जम्मू-कश्मीर प्राचीन समय से ही विदेशी आक्रमणों का शिकार रहा है। अनेक बार इनकी स्वतन्त्रता को चुनौती मिली। देश साक्षी है कि इस प्रदेश की मिट्‌टी ने लहू बहाया, सदैव अपनी रक्षा की और अपनी स्वतन्त्रता, अपनी वीरता, निष्ठा और आस्था के बलबूते प्रतिष्ठा पायी। अतः जम्मू-कश्मीर प्रान्त सदा से ही भारत की उत्तर व उत्तर-पश्चिमी सीमाओं की रक्षा और सुरक्षा का दायित्व निभाता आया है। राजा और प्रजा दोनों ही भारत माता का वन्दन करते रहे हैं। स्वतन्त्रता संग्राम के दौरान भारत माता की जय के नारे यहाँ के गलियारों में भी ख़ूब गूँजे थे। इसीलिए सभी प्रभावशाली राष्ट्रीय आन्दोलनकारी नेता यहाँ का प्रवास करते रहे। साफ़ तौर पर सभी राष्ट्रीय आन्दोलनों में राष्ट्र भक्ति से ओत-प्रोत जम्मू-कश्मीर के युवा, व्यापारी, महिलाओं, वकील, सरकारी नौकर आदि वर्गों ने अंग्रेज़ों को व उनकी अनैतिक नीतियों को जमकर नकारा और भारत के स्वतन्त्रता संग्राम में अपना महत्त्वपूर्ण योगदान दिया। इस राष्ट्रीय यज्ञ में जम्मू-कश्मीर की आहुति आवश्यक भी थी और स्वाभाविक भी।

क़लम, आज उनकी जय बोल।
जला अस्थियाँ बारी-बारी
छिटकाई जिनने चिनगारी,
जो चढ़ गये पुण्य-वेदी पर लिये बिना गरदन का मोल।
क़लम, आज उनकी जय बोल!

—राष्ट्रकवि रामधारी सिंह 'दिनकर'

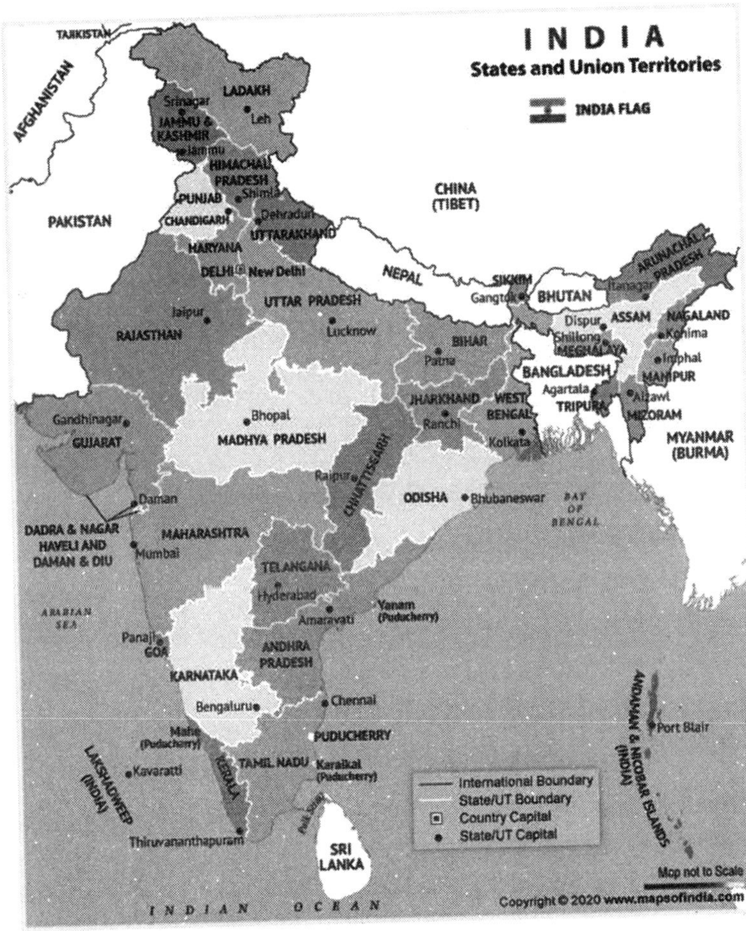
INDIA
States and Union Territories
INDIA FLAG
TAJIKISTAN
AFGHANISTAN
PAKISTAN
CHINA (TIBET)
NEPAL
BHUTAN
BANGLADESH
MYANMAR (BURMA)
SRI LANKA
LADAKH
Leh
Srinagar
JAMMU & KASHMIR
Jammu
HIMACHAL PRADESH
Shimla
PUNJAB
CHANDIGARH
Dehradun
UTTARAKHAND
HARYANA
DELHI
New Delhi
UTTAR PRADESH
Lucknow
Jaipur
RAJASTHAN
BIHAR
Patna
SIKKIM
Gangtok
ARUNACHAL PRADESH
ASSAM
Dispur
NAGALAND
Kohima
Shillong
MEGHALAYA
Imphal
MANIPUR
Agartala
TRIPURA
Aizawl
MIZORAM
JHARKHAND
Ranchi
WEST BENGAL
Kolkata
Gandhinagar
GUJARAT
Bhopal
MADHYA PRADESH
Raipur
CHHATTISGARH
ODISHA
Bhubaneswar
BAY OF BENGAL
Daman
DADRA & NAGAR HAVELI AND DAMAN & DIU
MAHARASHTRA
Mumbai
TELANGANA
Hyderabad
Amaravati
Yanam (Puducherry)
ARABIAN SEA
Panaji
GOA
ANDHRA PRADESH
KARNATAKA
Chennai
Bengaluru
Mahe (Puducherry)
PUDUCHERRY
TAMIL NADU
Karaikal (Puducherry)
KERALA
LAKSHADWEEP (INDIA)
Kavaratti
Thiruvananthapuram
ANDAMAN & NICOBAR ISLANDS (INDIA)
Port Blair
International Boundary
State/UT Boundary
Country Capital
State/UT Capital
Map not to Scale
INDIAN OCEAN
Copyright © 2020 www.mapsofindia.com

सन्दर्भ-ग्रन्थ

1. कुलदीप चन्द अग्निहोत्री, *जम्मू-कश्मीर : अनकही कहानी*
2. कुलदीप चन्द अग्निहोत्री, *जम्मू-कश्मीर के जननायक : महाराजा हरि सिंह*
3. नरेन्द्र सहगल, *व्यथित जम्मू-कश्मीर*
4. Captain Alok Bansal, *Gilgit Baltistan : An Appraisal*
5. Vinay Sahasrabuddhe and Sachchidanand Joshi, *Connecting Through Culture*
6. Manoshi Sinha Rawal, *Saffron Swords*
7. M.A. Stein, *Kalhana Rajatarangini*
8. M. L. Kapoor and Sindhu Kapoor, *Socio-Economic History of Jammu and Kashmir*
9. M.L. Kapoor, *Kingdom of Kashmir*
10. M.L. Kapoor, *Eminent Rulers of Ancient Kashmir*
11. Surjit Singh Soodan, *Jammu under the Reign of Maharaja Hari Singh*
12. Sukhdev Singh Charak, *History and Culture of Himalayan States*
13. G.D. Bakshi, *The Saraswati Civilization*
14. Shiv Nirmohi, *Dugger ke Shahidi Samarak*

15. *Maharaja Ranjit Dev & the Rise & fall of Jammu Kingdom* by SDS Charak

16. *History & Culture of Himalayan States, Vol. IV & VI* by SDS Charak

17. *A short History of Jammu Raj* by SDS Charak

18. *India's western land* by SDS Charak

19. *Ganeshdas Badehra's Rajdarshani Tranlated* by SDS Charak

20. *Maharaja Ranjit Dev te unda shasan kaal* by SDS Charak

21. *Duggar Sanskriti de mool Adhar* by SDS Charak

22. *The Jammoo & Kashmir Territories* by Fredrick Drew

23. *The Northern Frontier of India* by Fredric Drew

24. *A history of Reigning families of lahore* by GC Smyth

25. *A personal narrative of visit to Ghazni* by GT Vigne

26. *Antiquities of Chamba* by J.Ph. Vogel

27. *Twarikh-i-rajghan-jammu-wa-kashmir* by Th. Kahan Singh Billawaria

28. *Malfuzat-i-Timuri* by Timur

29. *Zafarnamah* by Sharif Al Din Ali Yazdi

30. *The Sikhs & Afghans* by Shehmat Ali

31. *Tarikh-i-Kishtwa*r by Shivaji Dhar

32. *Tarikh-i-Kishtwar* by GM Ishrat

33. *Tarikh-i-Jammu* by Hashmatullah

34. *Tarikh-i-dogra desh* by nargis das nargis

35. *Tuzuk-i-Jahangiri*

36. K.M.Pannikar, *The Founding of the Kashmir State. A Biography of Maharaja Gulab Singh 1792-1858*

37. P. B. Gajendragadkar, *Report of the Jammu and Kashmir of enquiry*

38. Madhavi Yasin, *British Paramountcy in Kashmir 1876-1894*

39. M.L Kapoor, *Kashmir Sold and Snatched*

40. *A Handbook of Jammu and Kashmir State*, Publicity Department, J&K State

41. Teng and Kaul, *Kashmir's Special Status*

42. D.K.Ghosh, *Kashmir in Transition 1885-1893*

43. Ramakrishan Bhatt, *Political and Constitutional* Development of the Jammu and Kashmir State

44. P. N. K. Bamzai, *Culture and Political History of Kashmir, Volume 3, Modern Kashmir*

45. Balraj Puri, *Jammu and Kashmir, Triumph and Tragedy of Indian Federalisation*

46. J. C. Bose, *Cashmere and its Princes*

47. P.N. Tikoo, *Story of Kashmir*

48. William Digby, Condemned Unheard

49. VeenaVasudeva, *Kashmir Imbroglio, Kalinga Publications, Delhi, 2004. Annual Administration Report of the Jammu and Kashmir State for the year 1937-1938*

50. Amar Singh Chohan, *The Gilgit Agency 1877-1935*

51. *Jammu and Kashmir Archives*, Political Department Records, 1914,File no. 91/R/215

52. K. Warikoo, *Central Asia and Kashmir*

53. Iqbal Chand Malhotra and Maroof Raza, *Kashmir's Untold Story*

54. Dewan Kirpa Ram, *Gulabnama*

55. S.S. Bawa, *The Jammu Fox*

56. M.L. Kapur, *History of jammu and Kashmir*

57. Sat Parkash Suri, *The Dogra Rulers of Jammu and Kashmir*

58. C. Das Gupta, *War and Diplomacy in Jammu and Kashmir (1947-48)*

59. Co. R.D. Palsokar MC, *The Dogra Regiment*

60. Maj Gen. Kuldip Singh Bajwa (Retd), *Jammu and Kashmir War (1947-48)*

आभार

- प्रो. अनीता बिलौरिया, पूर्व अधिष्ठाता, सामाजिक विज्ञान संकाय, जम्मू विश्वविद्यालय।
- डॉ. अनु कोतवाल, शिक्षिका, जम्मू-कश्मीर विद्यालय।
- डॉ. विशाल बलौरिया, सहायक आचार्य, इतिहास विभाग, क्लस्टर विश्वविद्यालय, जम्मू।
- डॉ. चाहुकेशी जामवाल, इतिहास अध्येता।
- डॉ. नीलम सरीन, साहित्यकार और अनुवादिका।
- श्री सुमेर खजुरिया, अधिवक्ता, जम्मू-कश्मीर उच्च न्यायालय।
- श्री अभिमन्यु बिलौरिया, इतिहास अध्येता।